기름부으심

기름부으심

막혀 있는 기름부음의 통로를 활짝 열어줄 능력의 열쇠

손기철 지음

규장

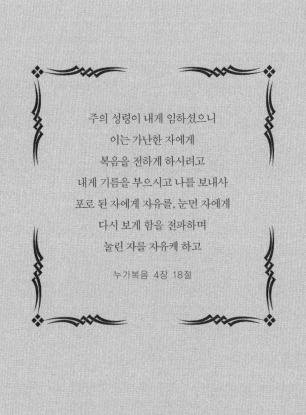

주의 성령이 내게 임하셨으니

이는 가난한 자에게

복음을 전하게 하시려고

내게 기름을 부으시고 나를 보내사

포로 된 자에게 자유를, 눈먼 자에게

다시 보게 함을 전파하며

눌린 자를 자유케 하고

누가복음 4장 18절

기름부으심을 받아
왕 같은 제사장이 되자!

나는 헤븐리터치 미니스트리(HTM)에서 행하는 월요말씀치유집회, 스쿨, 외부집회를 통해 엄청난 하나님의 권능의 역사를 목도하고 있습니다. 마음의 상처가 회복되고, 각종 암들이 사라지고, 묶임이 떠나가고, 타고 온 휠체어에서 일어나는 일들을 보노라면 정말 얼마나 놀랍고 감사한지 모릅니다. 굳이 나에게 개인적으로 기도를 받지 않아도 그 집회에 참석한 것만으로 치유가 됩니다. 또한 갓피플(www.Godpeople.com)에 올린 집회 현장 동영상을 보고 병이 치유되었음을 간증하는 생생한 사례가 헤븐리터치 홈페이지(www.heavenlytouch.kr) 간증란에 속속 올라오고, 집회가 끝날 무렵에 하는 휴대폰 기도를 통해서도 수많은 사람들이 치유되는 것을 봅니다.

집회에 참석하거나 소문을 들은 사람들 그리고 동영상을 본 사람들은 "어떻게 해서 그런 일들이 일어날까?", "왜 저 사람에게만 특별히 그런 일들이 일어날까?", "나도 예수님을 영접하고 성령님과 교제하는데 왜 그런 일이 일어나지 않는가?" 궁금해 합니다.

그러나 분명한 사실은 예수님은 그런 일을 행하시고, 우리에게도 그렇게 하도록 명하셨다는 사실입니다.

주(主)의 성령이 내게 임하셨으니 이는 가난한 자에게 복음을 전하게 하시려고 내게 기름을 부으시고 나를 보내사 포로 된 자에게 자유를, 눈먼 자에게 다시 보게 함을 전파하며 눌린 자를 자유케 하고 _눅 4:18

오직 성령이 너희에게 임하시면 너희가 권능을 받고 예루살렘과 온 유대와 사마리아와 땅 끝까지 이르러 내 증인이 되리라 하시니라 _행 1:8

해답은 기름부으심이다

이 모든 질문과 의문에 대한 답은 바로 '기름부으심'입니다. 내가 이 사역을 할 수 있는 것도 바로 '기름부으심' 때문입니다.

이 말을 잘 이해하셔야 합니다. 많은 성도들에게 이런 하나님의 역사가 나타나지 않는 것은 성령이 우리에게 임하는 것과 기름부으심의 차이를 잘 알지 못하기 때문입니다.

나는 신앙생활에서 구원 후 매우 중요한 것이 바로 '기름부으심'이라고 믿습니다. 왜냐하면 나는 그리스도인이기 때문입니다. 그리스도인이란 그리스도에게 속한 자를 의미합니다. 예수님은 기름부으심을 받은 후 '그리스도'라 불렸습니다. 그리스도는 "메시아" 혹은 "기름부으심을 받은 자"를 뜻합니다. 예수님이 기름부으심을 받은 자라면 우리도 당연히 그 기름부으심을 받은 자에게 속해야 합니다. 즉, 우리에게도 동일한 기름부으심이 있어야 한다는 것입니다. 예수님이 그리스도가 되었을 때 비로소 공생애 사역을 하신 것처럼 우리에게 기름부으심이 임할 때라야 비로소 우리가 하나님의 아름다운 덕(德)을 선전할 수 있게 됩니다.

우리가 왜 기름부으심을 구해야 하는가?

흔히 기름부으심은 특별한 사람에게만 임한다고 생각합니다.

그러나 절대로 그렇지 않습니다. 기름부으심은 누구에게나 임할 수 있습니다. 많은 그리스도인들이 기름부으심 받기를 원하지만, 하나님께서 이 기름부으심을 왜 주시는지에 대해서는 잘 모르고 있습니다. 마치 능력을 받아 이 땅에서 남들에게 인정받고 잘 살아보려고 하는 마음이 전부인 것 같습니다. 그러나 기름부으심은 나를 위한 것일 뿐만 아니라 다른 사람을 위하고 궁극적으로 하나님의 뜻을 이 땅에 이루어가는 데 꼭 필요한 것입니다.

한편, 기름부으심을 흔히 능력으로만 생각하고 있습니다. 절대로 그렇지 않습니다. 기름부으심의 근원은 하나님의 생명이고 그 생명은 바로 사랑입니다. 이 사랑 안에 하나님의 생명, 즉 능력이 함께한다는 것입니다. 기름부으심 없이 하나님나라의 복음을 전하고 사역한다는 것은 마치 제대로 된 무기도 없이 전쟁터에 나가는 것과 같습니다. 기름부으심 없이는 영적 전쟁에서 결코 승리할 수 없습니다. 우리는 모두 기름부으심을 사모하고, 기름부으심을 받아야 합니다. 현재 당신의 삶에 무거운 짐이 있고 멍에에 메여 있습니까? 기름부으심을 받으십시오.

그 날에 그의 무거운 짐이 네 어깨에서 떠나고 그의 멍에가
네 목에서 벗어지되 기름진 까닭에 멍에가 부러지리라
_사 10:27

집회를 인도할 때마다 하나님의 자녀들이 지금 얼마나 목말라 하는지, 하나님의 영광과 권능을 얼마나 사모하는지를 영적으로 느낄 수 있습니다. 이러한 갈급함은 단지 성도들뿐만이 아닙니다. 교회 직분자, 사역자, 목회자, 선교사, 심지어 회사 CEO와 신학교 교수님들까지도 기름부으심을 간절히 사모하고 있음을 느낄 수 있습니다. 기도하는 가운데 하나님께서는 이제 그 분들에게 기름부으심에 대해서 알려야 할 때라고 말씀하셨습니다.

기름부으심에 갈급한 모든 하나님의 자녀들에게
먼저 발간된 《고맙습니다 성령님》(규장)을 통해서는, 성령님이 누구이신지, 성령님과의 개인적인 교제에 대해서, 그리고 성령충만을 받을 수 있는 길에 대해서 나누었습니다. 또한, 《왕의 기

도》(규장)를 통해서 하나님나라와 의(義)에 대해서, 하나님의 자녀들이 이 땅에 주님의 뜻을 이루는 방법에 대해서, 그리고 예수 그리스도의 이름으로 선포하는 것에 대해서 나누었습니다. 이 책 《기름부으심》은 앞서 나온 두 권 사이에 들어갈 책이라고 생각합니다. 즉, 성령님과의 교제를 통해서 기름부으심을 받고 왕의 기도로 이 땅에 하나님의 뜻을 이루어 갈 수 있는 것입니다. '왕의 기도'가 자동차의 핸들이라면 '기름부으심'은 엔진과 같은 것입니다.

나는 이 책을 통해, 하나님의 임재와 기름부으심이 무엇이며 기름부으심을 받기 위한 전제 조건은 무엇인지, 어떻게 하면 기름부으심이 임할 수 있는지에 대해 말씀 안에서, 나의 경험을 토대로 구체적으로 나누었습니다. 또 하나님과의 교제와 훈련을 편의상 구원, 비움, 채움, 나눔, 드림의 순으로 나누어보았습니다. 그러나 이 순서는 단지 기술상(記述上) 편의를 위해서 그리고 독자들이 쉽게 이해하도록 하기 위한 것이지 결코 어떤 방법론이 아니라는 점을 말씀드리고 싶습니다.

이 책의 내용은 HTM의 스쿨과 다양한 수련회를 통해서 검증되었습니다. 특히, 최근에 나는 100여 명이 참석한 대한항공신우회 수련회에서 1박2일 동안 이 내용을 강의하고, 그 분들에게 기름부으심을 흘려보냈습니다. 2일째 실습시간에 놀랍게도 동일한 기름부으심이 그들 대부분에게 임했으며, 그들이 다른 분들을 위해 기도할 때 동일한 하나님의 역사(役事)가 일어나는 것을 목도하게 되었습니다. 하나님이 행하시는 일이 얼마나 아름답고 놀라웠는지요? 이 책을 읽는 모든 성도들에게도 이런 일들이 일어날 것을 확신합니다. 이것이 바로 이 책을 집필하게 된 이유이기도 합니다.

보배로운 기름부으심을 사모하며

나는 집필하는 동안, 우리나라뿐만 아니라 타국에서, 기름부으심을 갈급해 하는 모든 성도들의 머리에서부터 옷깃까지 흘러내리는 하나님의 기름부으심을 봅니다. 월요말씀치유집회는 매주 대략 3,000~3,500여 명이 모이지만, 이 책을 통해서 더 엄청난 역사가 일어날 것을 기대합니다. 하나님은 기름부으심을 통해 우리가 이 땅에서 당당한 하나님의 자녀로, 왕 같은 제사장으로 살아가기를 원하십니다. 이 책을 읽는 당신이 바로 기름부으심을 받는 자입니다.

끝으로 주님의 뜻을 이루기 위해 동역하는 HTM의 모든 사역자가 바로 이 책의 증인입니다. 오직 하나님나라를 바라보며 함께 헌신하는 그들에게 감사와 경의를 표합니다. 또한 나에게 기름부으심의 실체가 바로 하나님의 사랑이라는 사실을 삶을 통해 확증시켜준 아내와 아들과 딸이 없었더라면, 결코 이 책이 나올 수 없었을 것임을 고백합니다. 이 책의 출간을 위해 규장의 여진구 대표, 김웅국 편집국장 그리고 직원들과 함께한 시간들은 나에게 말할 수 없는 축복이었습니다. 하나님나라의 복음을 위해 동역을 허락하신 하나님 아버지께 감사드립니다.

HTM 하우스에서

Part 3
오직
민음으로

기름부으심이란?

그리스도인이라면 반드시 기름부으심을 받아야 한다

성경을 통해서 우리는 하나님의 사람들에게 기름부으심이 임하거나 혹은 주어졌다는 사실을 알 수 있습니다. 예를 들면, 구약에는 삼손, 엘리야와 엘리사, 사울, 다윗 그리고 신약에는 예수 그리스도와 사도들의 경우입니다. 우리는 이 기름부으심이란 말을 들을 때 매우 신비스럽게 생각하거나 또는 특별한 사람에게만 주어지는 하나님의 은총으로서, 나와는 상관이 없다고들 여깁니다. 우리가 그렇게 생각하는 것은 기름부으심이 무엇인지를 제대로 알지 못하기 때문입니다. 우리가 정말 그리스도인이라면 우리는 반드시 기름부으심을 받아야 합니다.

왜냐하면, 진정으로 구원 받은 자는 하나님으로부터 태어난 자로 이 땅에 주(主)의 뜻을 이루는 새로운 존재, 즉 그리스도 안에서 새로운 피조물이기 때문입니다. 이 땅에 하나님 아버지의 아름다운 덕(德)을 선전하는 삶은 단지 목회자나 사역자만 행해야 하는 일이 아니라 구원 받은 모든 사람들이 행해야 하는 일입니다. 그러나 기름부으심 없이는 누구도 그 일을 아버지 뜻대로 행할 수 없습니다. 우리는 모두 반드시 기름부으심을 받아야 합니다.

기름부으심에 대해서 살펴보기 전에, 우선 기름이 '성령'을 상징한다는 것을 이해해야 합니다. 하나님의 본체는 하나이시나 성삼위(聖三位)로 계십니다(웨스트민스터 신앙고백서 2장 3조). 성령은 성삼위 가운데 제3위격(位格)이십니다. 성경에는 이 성령님을 비유적으로 생수, 비둘기, 바람, 불 그리고 기름 등으로 표현하고 있습니다.

'기름부으심'(anointing)이란 성령을 상징하는 기름을, 하나님의 주권적 역사에 의해서, 어떤 사물이나 사람에게 붓는다는 행위적, 실재적, 현상적 의미입니다. 따라서 기름부음을 받은 물건이나 사람에게는 성령님이 친히 임함으로써 하나님의 뜻과 권능이 이 땅에서 현시(顯示) 또는 계시(啓示)됩니다. 성경에 따르면, 하나님의 영광의 임재에 의해서 기름부으심을 받기도 하고, 또 하나님의 사람을 통해서도 기름을 바르거나 기름부으심이 전수되기도

합니다. 그러나 기름부으심의 궁극적 주체는 하나님이시며, 기름부으심의 실체는 성령님의 실재적(實在的) 나타남입니다.

예수 그리스도, 기름부으심을 받은 자

성경을 통해서 기름부으심의 비밀을 좀 더 구체적으로 살펴보겠습니다. 우선, 기름부으심은 반드시 성령님의 임재를 전제로 합니다. 성령님의 임재 없이는 기름을 붓는 현상적, 행위적, 실재적인 일이 일어날 수 없습니다.

성경에 기름부으심에 대한 많은 기사(記事)들이 나오지만 우선 우리의 모범이 되신 예수님에 대해서 살펴보겠습니다. 예수님은 세례 요한에게서 세례를 받은 후부터 공생애를 시작하셨으며, 우리는 그때부터 그분을 '예수 그리스도'라고 부릅니다. 왜냐하면 세례 요한에게 세례를 받을 때 단지 물세례만을 받은 것이 아니라 물 위로 올라오실 때 성령세례를 받았고, 그 결과로 기름부으심을 받았기 때문입니다. '그리스도'는 헬라어이고, 히브리어로는 '메시아'이며, 그 뜻은 "기름부으심을 받은 자"입니다.

예수께서 세례를 받으시고 곧 물에서 올라오실 새 하늘이 열리고 하나님의 성령이 비둘기같이 내려 자기 위에 임하심을 보시더니 _마 3:16

예수께서 성령의 충만함을 입어 요단강에서 돌아오사 광야
에서 사십 일 동안 성령에게 이끌리시며 _눅 4:1

예수께서 성령의 권능으로 갈릴리에 돌아가시니 그 소문이
사방에 퍼졌고 _눅 4:14

우리는 이 성경 말씀을 통하여 예수님은 성령세례를 받으신
후 성령충만 하셨고, 뒤이어 성령의 권능이 나타나게 되었다는 것
을 알 수 있습니다.

이 과정을 누가복음 4장 18절에는 이렇게 표현하고 있습니다.

주(主)의 성령이 내게 임하셨으니 이는 가난한 자에게 복음
을 전하게 하시려고 내게 기름을 부으시고 나를 보내사 포
로된 자에게 자유를, 눈먼 자에게 다시 보게 함을 전파하며
눌린 자를 자유케 하고 _눅 4:18

결국, 예수 그리스도께서는 기름부으심을 받으신 후에 권능을
가지고 하나님의 뜻을 행하셨다는 것입니다. 그 가르치심에 권세
가 있고, 하나님나라의 비밀을 선포하시고, 권능으로 기사(奇事)와
표적을 일으키신 것도 바로 기름부으심이 임했기 때문입니다.

예수께서 온 갈릴리에 두루 다니사 저희 회당에서 가르치
시며 천국 복음을 전파하시며 백성 중에 모든 병과 모든 약
한 것을 고치시니 _마 4:23

**베드로는 고넬료와 그 가족들에게, 하나님이 예수님에게 기
름부으시고 하나님의 뜻을 행하게 하셨다고 전했습니다.**

하나님이 나사렛 예수에게 성령과 능력을 기름붓듯 하셨으
매 저가 두루 다니시며 착한 일을 행하시고 마귀에게 눌린
모든 자를 고치셨으니 이는 하나님이 함께하셨음이라
_행 10:38

예수님이 '그리스도'이시고 우리는 '그리스도인'입니다. 그
리스도가 기름부으심을 받은 자라면 우리도 마땅히 기름부으심
을 받은 자에게 속해야 합니다. 기름부으심이 없는 그리스도인이
란 있을 수 없습니다. 만약 우리가 예수님을 믿지만 우리에게 기
름부으심이 없다면 불신자들이 우리를 경멸하기 위해서 부르는
'예수쟁이'라 불리더라도 당연합니다.

기름부으심이 임할 때 되어지는 일들

만약 우리에게 기름부으심이 임하지 않는다면 "믿는 자들에게는 이런 표적(表蹟)이 따르리니 곧 저희가 내 이름으로 귀신을 쫓아내며 새 방언을 말하며 뱀을 집으며 무슨 독을 마실지라도 해(害)를 받지 아니하며 병든 사람에게 손을 얹은즉 나으리라 하시더라 주 예수께서 말씀을 마치신 후에 하늘로 올리우사 하나님 우편에 앉으시니라 제자들이 나가 두루 전파할 새 주께서 함께 역사하사 그 따르는 표적으로 말씀을 확실히 증거하시니라"(막 16:17-20) 그리고 "내가 진실로 진실로 너희에게 이르노니 나를 믿는 자는 나의 하는 일을 저도 할 것이요 또한 이보다 큰 것도 하리니 이는 내가 아버지께로 감이니라"(요 14:12)라는 말씀이 어떻게 진실일 수 있겠습니까?

또한 당신에게 기름부으심이 임하지 않는다면, 당신의 삶에서 문제들을 어떻게 헤쳐 나갈 수 있겠습니까?

그 날에 그의 무거운 짐이 네 어깨에서 떠나고 그의 멍에가
네 목에서 벗어지되 기름진 까닭에 멍에가 부러지리라

_사 10:27

기름부으심은 신비로운 것이 아니라 하나님께서 선지자와 예수님을 통해서 이미 약속하신 것입니다. 하나님은 우리 모두가 기름부으심을 받고 권능으로 하나님의 뜻을 이루시기를 원하십니다. 정말이지 우리는 모두 기름부으심을 받고 주님의 뜻을 이 땅에서 행해야 합니다.

> 그 후에 내가 내 신(神)을 만민에게 부어주리니 너희 자녀들이 장래 일을 말할 것이며 너희 늙은이는 꿈을 꾸며 너희 젊은이는 이상(異像)을 볼 것이며 그 때에 내가 또 내 신으로 남종과 여종에게 부어줄 것이며 _욜 2:28,29

믿는 모든 자에게 성령님이 임하신다는 이 예언은 예수님이 하늘로 올리우시고 약속하신 보혜사 성령님이 오신 오순절 사건을 통해서 이미 이루어졌습니다.

> 하나님이 가라사대 말세에 내가 내 영으로 모든 육체에게 부어주리니 너희의 자녀들은 예언할 것이요 너희의 젊은이들은 환상을 보고 너희의 늙은이들은 꿈을 꾸리라 그 때에 내가 내 영(靈)으로 내 남종과 여종들에게 부어주리니 저희가 예언할 것이요 _행 2:17,18

오직 성령이 너희에게 임하시면 너희가 권능을 받고 예루
살렘과 온 유대와 사마리아와 땅끝까지 이르러 내 증인이
되리라 하시니라 _행 1:8

만군의 여호와께서 말씀하시되 이는 힘으로 되지 아니하며
능으로 되지 아니하고 오직 나의 신(神)으로 되느니라
_슥 4:6

성령이 너희에게 임하시면 너희가 권능을 받고!

우리는 성경 말씀을 통해서 예수님께서 기름부으심을 받은
것을 볼 때, 놀랍게도 사도행전 1장 8절 말씀이 바로 기름부으심
의 실체라는 사실을 깨닫게 될 것입니다. 누가복음 4장 18절을 다
시 읽고 비교 묵상해보십시오.

사도들도 사도행전 1장 8절 말씀대로 기름부으심을 받고, 주
님의 일을 행했습니다. 성경에는 "우리를 너희와 함께 그리스도
안에서 견고케 하시고 우리에게 기름을 부으신 이는 하나님이시
니 저가 또한 우리에게 인(印) 치시고 보증으로 성령을 우리 마음
에 주셨느니라"(고후 1:21,22)라고 기록되어 있습니다.

또한, 믿는 우리에게도 기름부으심이 임했다고 말씀하십니다.

23

너희는 거룩하신 자에게서 기름부음을 받고 모든 것을 아
느니라 _요일 2:20

너희는 주께 받은 바 기름부음이 너희 안에 거하나니 아무
도 너희를 가르칠 필요가 없고 오직 그의 기름부음이 모든
것을 너희에게 가르치며 또 참되고 거짓이 없으니 너희를
가르치신 그대로 주(主) 안에 거하라 _요일 2:27

이 책을 읽는 분들 중에서는 구약에서 왕, 제사장 그리고 선지
자에게만 기름부으심이 주어졌기 때문에 기름부으심이 나와는
상관없는 일이라고 항변할지 모르겠습니다. 그리고 신약에서도
특별한 사람들에게만 주어졌다고 말하는지도 모르겠습니다. 그
렇다면 다음 말씀을 묵상해보십시오.

오직 너희는 택하신 족속이요 왕 같은 제사장들이요 거룩
한 나라요 그의 소유된 백성이니 이는 너희를 어두운 데서
불러내어 그의 기이한 빛에 들어가게 하신 자의 아름다운
덕(德)을 선전하게 하려 하심이라 _벧전 2:9

당신은 하나님의 귀한 자녀입니다. 다시 한번 말하지만, 적든 많든 간에 기름부으심이 없는 그리스도인은 있을 수 없습니다. 그리고 우리 모두는 절대적으로 기름부으심을 받아야 합니다. 기름부으심의 비밀은 기름부으심 그 자체에 있는 것이 아니라, 사도행전 1장 8절의 "오직 성령이 너희에게 임하시면"과 "너희가 권능을 받고…"의 이 두 현상 사이의 과정에 있는 것입니다. 진정으로 구원 받았다면 우리에게 성령님이 함께하십니다. 그런데 왜 우리에게 권능이 나타나지 않을까요? 그것이 바로 왜 이 책이 필요한가에 대한 이유이기도 합니다.

기름부으신 자를 선대하시는 하나님

구약이나 신약을 살펴보면, 기름부으심을 행하는 이유는 크게 세 가지로 볼 수 있습니다.

첫 번째는 어떤 물건을 하나님에게 속한 것 혹은 하나님나라의 소유로 성별(聖別)하거나 거룩하게 할 때입니다. 구약에서는 회막과 성전 모든 기구(器具)에 기름을 발랐습니다.

두 번째는 하나님의 뜻을 이루거나 하나님의 일을 행할 사람으로 부름 받게 하거나 인(印) 치실 때입니다. 구약에서는 주로 왕, 제사장 그리고 선지자에게 기름부으심을 행하는 것을 볼 수 있습니다.

세 번째는 하나님의 권능을 가지고 이 땅에서 하나님나라의 일을 행하도록 하기 위해서입니다. 가장 대표적인 예가 예수 그리스도이십니다. 그분은 기름부으심을 받음으로 인하여 권능을 가지고 하나님의 뜻을 행하셨습니다.

　　놀라운 사실은 기름부으심을 받은 자는 하나님의 보호를 받는다는 사실입니다. 특별히, 하나님은 기름부으심을 받은 사람에게 인자(仁慈)를 베푸시고 보호하십니다.

> 여호와께서 그 왕에게 큰 구원을 주시며 기름부음 받은 자에게 인자를 베푸심이여 영영토록 다윗과 그 후손에게로다
> _시 18:50

> 이르시기를 나의 기름부은 자를 만지지 말며 나의 선지자를 상하지 말라 하셨도다 _대상 16:22

> 자기 사람들에게 이르되 내가 손을 들어 여호와의 기름부음을 받은 내 주를 치는 것은 여호와의 금하시는 것이니 그는 여호와의 기름부음을 받은 자가 됨이니라 _삼상 24:6

또한 하나님은 기름부으심을 받은 사람을 높이십니다.

내가 거기서 다윗에게 뿔이 나게 할 것이라 내가 내 기름부은 자를 위하여 등(燈)을 예비하였도다 _시 132:17

네가 의(義)를 사랑하고 불법을 미워하였으니 그러므로 하나님 곧 너의 하나님이 즐거움의 기름을 네게 부어 네 동류들보다 승(勝)하게 하셨도다 하였고 _히 1:9

하나님께서 기름부으심을 받은 자에게 이렇게 하시는 이유는 무엇일까요? 거룩하게 구별하여 하나님나라와 의(義)를 구하게 하고, 하나님나라에서 하나님나라의 법칙이 어떻게 적용되는지를 깨닫고 행하게 하여, 믿지 않는 자에게 증거하고, 또한 하나님의 뜻을 이 땅에서 온전히 이루게 하기 위함입니다.

더 큰 기름부으심을 사모하라

하나님은 무소부재(無所不在) 혹은 편재(遍在)하시지만, 특정한 장소와 때에 친히 강력하게 임하십니다. 우리는 그것을 '하나님의 영광의 임재'라고 말합니다. 앞서 말한 것처럼 기름부으심은 하나님의 영광이 임재한 곳에서 받을 수 있습니다. 따라서 우리는 기름부으심에 앞서 하나님의 영광이 임재한 곳을 사모해야 하며, 찾아야 합니다. 또한 오순절의 역사처럼 함께 모여 하나님의 영광의 임재를 구해야 합니다.

한편, 많은 사람들이 몇 가지를 혼란스러워 하는 것 같습니다. 우선, '성령충만'과 '기름부으심'은 서로 같은 의미인가에 대한 점입니다. 성령충만과 기름부으심은 동일한 성령님의 나타나심이지만, 우리의 영육이 온전히 성령님께 사로잡혀서 그분을 통해 삶이 인도함을 받는 상태를 우리는 '성령충만'이라고 표현합니다. 그러나 이미 언급한 것처럼 거룩하게 구별되고 하나님의 인(印) 치심으로 인하여 하나님의 권능이 나타날 때의 상태를 '기름부으심'이라고 말하는 것입니다.

> 너희는 거룩하신 자에게서 기름부음을 받고 모든 것을 아느니라 _요일 2:20

또한 성령세례는 한 번만 받는 것인데 기름부으심도 한 번만 받는 것인지 아니면 여러 번 받아도 되는 것인지에 대한 의문입니다. 성령세례는 물세례와 마찬가지로 한 번만 받지만 기름부으심은 하나님의 뜻을 넓고 강력하게 나타내기 위해 하나님이 허락하시는 한 여러 번 받아야 합니다. 나는 지금도 더 큰 기름부으심을 사모하고 있습니다. 다윗은 처음에 사무엘 선지자로부터 왕의 기름부으심을 받았지만 오랫동안 아무것도 얻지 못했습니다(삼상

16:1-13). 그러나 그 후 두 번째 기름부으심을 받고 유다의 왕이 되었으며(삼하 2:1-7), 세 번째 기름부으심을 받고 마침내 이스라엘 왕이 되었습니다(삼하 5:1-3). 우리는 이 땅에 하나님나라의 도래와 그분의 통치를 나타내기 위해 더 큰 기름부으심을 사모해야 합니다.

성령 부어주심과 권능의 증인이 되는 그리스도인

이 책을 통하여 우리가 배우고자 하는 내용은 대부분 성령이 우리에게 임하신 후 어떻게 하면 권능을 받아 하나님의 아름다운 덕(德)을 선전할 수 있는가에 대한 것입니다. 이것이 바로 기름부으심의 핵심 훈련입니다. 이 훈련은 하나님의 영광의 임재를 위한 비움, 그리고 영광이 나의 영육을 온전히 사로잡는 채움, 그분의 생명을 흘려보내는 나눔, 마지막으로 경배와 찬양 그리고 깊은 기도로 그분의 생명을 다시 그분께 돌려드리는 드림입니다. 물론, 이런 훈련이 완전한 것은 아니며, 결코 공식화될 수도 없는 것이지만, 성경 말씀과 성령님의 조명으로 인한 나의 경험과 수많은 하나님의 사람들의 경험이 대략적으로 정리된 것이라 볼 수 있습니다.

'비움'이란 자신과 세상에 대한 통치권과 소유권을 하나님께 돌려드리는 것입니다. 그럴 때 비로소 자신이 누구인지를 알 수 있게 됩니다. 이 훈련은 흔히 '내적 치유'라고도 불립니다. 이 과정을 통해서 자신이 하나님으로부터 새롭게 태어났으며, 예수 그리스도 안에서 새로운 피조물임을 알게 됩니다. 또한 자신의 정체성을 알지 못하게 하고, 하나님 자녀로서의 삶을 살지 못하게 하는 내면의 상처와 쓴뿌리, 죄와 불법들 그리고 영육의 묶임들로부터 자유함을 얻습니다. 인간 중심적인 삶이 아니라 하나님 중심적인 삶을 알게 되며, 청지기의 직분으로 하나님이 맡기신 권세와 물질을 하나님나라를 위해서 흘려보내는 것을 배우게 됩니다.

　'채움'이란 하나님의 영광이 자신의 영육 전부를 통치하도록 허용하는 과정입니다. 이 땅에 주(主)의 뜻을 이루기 위해서 필요한 모든 것을 공급하시는 분은 오직 여호와 하나님이시며, 그분은 성부, 성자, 성령님을 통해서 역사하십니다. 이 훈련을 위해서는 '거룩한 낭비의 시간'을 가져야 합니다. 내 생각과 내 경험, 내 느낌과 내 기분, 내 방식과 내 고집을 가지고 있으면, 나의 내면을 하나님의 영광으로 채울 수 없다는 것을 배우는 시간들입니다. 모든 생각을 그리스도에게 복종시키고 오직 예수 그리스도에게만 초점을 맞추고 그분과 친밀함을 나눔으로써, 은혜와 믿음으로 부어 주시는 그분의 한없는 사랑을 두려움 없이 기쁨으로 받아들이는 것을 훈련합니다. 이 과정을 통해서 우리에게 남아 있는 죄의식과 죄책감 그리고 정죄감이 사라지고, 하나님의 의(義)가 무엇인지를 체험하게 되고, 오직 하나님 한 분만으로 만족하게 됩니다. 결국, 이 거룩한 낭비의 시간들은 이 세상에서 습득해왔던 삶의 방식과 태도를 포기하는 것을 배우는 시간이며 결국에는 자신까지 포기하는 시간이기도 합니다. 비움이 하나님이 우리에게 오시는 데 방해가 되는 것을 제거하는 과정이라면, 채움은 우리가 하나님께 가는 데 방해가 되는 것들을 제거하는 과정이라고 볼 수 있습니다.

'나눔'이란 우리에게 임하시고 우리를 통치하시는 그 하나님의 영광인 생명을 다른 사람과 피조세계에 흘려보내는 것입니다. 하나님의 생명 안에는 모든 권능이 숨겨져 있고, 그 생명은 바로 사랑입니다. 우리도 은혜로 거저 받았으니 마음껏 거저 주어야 합니다. 이때 기름부으심의 열매가 나타납니다. 이 과정의 비밀은 거룩한 부담감을 가지고 믿음으로 흘려보내는 데 있습니다. 기름부으심은 믿음을 통해서 우리 밖으로 나타납니다. 이 나눔은 우리가 실체적으로 체험할 수 있으며, 이 훈련을 통해서 권능이 당신 안에서 밖으로 나타납니다.

> 내가 주는 물을 먹는 자는 영원히 목마르지 아니하리니 나
> 의 주는 물은 그 속에서 영생하도록 솟아나는 샘물이 되리
> 라 _요 4:14

명절 끝날 곧 큰날에 예수께서 서서 외쳐 가라사대 누구든
지 목마르거든 내게로 와서 마시라 나를 믿는 자는 성경에
이름과 같이 그 배에서 생수(生水)의 강이 흘러나리라 하시
니 이는 그를 믿는 자의 받을 성령을 가리켜 말씀하신 것이
라 (예수께서 아직 영광을 받지 못하신 고로 성령이 아직 저희에
게 계시지 아니하시더라) _요 7:37-39

그 광명이 햇빛 같고 광선이 그 손에서 나오니 그 권능이
그 속에 감취었도다 _합 3:4

'드림'은 우리가 우습게 생각하고 소홀히 하지만, 절대적으
로 필요한 과정입니다. 하나님은 우리뿐만 아니라 모든 피조세계
와 생명을 나누기를 원하며, 예수 그리스도를 통해서 통일되기를
원하십니다. 하나님이 주신 생명은 우리와 온 피조세계에 빛처럼
흘러나가지만 우리는 그 생명을 다시 그분께 돌려드려야 합니다.
그것이 가장 아름다운 친교이고 우리가 드리는 경배와 찬양 그리
고 신령과 진정으로 드리는 영적 예배입니다. 그것이 바로 드림
훈련입니다. 우리가 감사, 찬양, 예배로 주님의 사랑을 돌려드리
는 만큼 더 많은 영적 생명이 우리에게 부어집니다. 많은 경우 이
드림을 행하지 않아 기름부으심이 점점 사라지는 것을 볼 수 있습

니다. 다른 사람에게 나눔과 똑같은 정도로 우리는 하나님께 드려야 합니다. 나눔과 드림의 균형이 잡힐 때 기름부으심이 증가됩니다.

마지막으로 정말 신비로운 사실은, 하나님은 모든 것이 완벽히 준비된 사람에게만 기름부으심을 허락하시는 것은 아니라는 사실입니다. 하나님은 온전하게 자신을 비우고 채움을 받은 사람만을 사용하지 않고, 그렇지 않는 사람들도 사용하십니다. 그래서 불행하게도 적지 않은 경우, 기름부으심이 임한 사람들로 인해 오히려 많은 사람들이 상처를 받기도 하고, 기름부으심에 대해 부정적인 견해를 갖기도 합니다.

따라서 우리가 반드시 기억해야 하는 것은 기름부으심을 받았다 할지라도 늘 깨어서 자신 안에 비우지 못한 것을 더 비우고, 채우지 못한 영광의 임재를 더 채워야 한다는 것입니다. 이 일을 소홀히 하게 되면, 기름부으심을 받았지만 결국은 자신이 가지고 있는 상처나 유혹에 의해 자멸하게 되거나 하나님을 모욕하는 일을 행하게 됩니다.

이제 기름부으심의 개요를 인식한 터 위에서 각 장마다 좀 더 구체적이고 실제적으로 살펴보도록 하겠습니다. 이 책은 단지 읽는 것만으로 만족해서는 안 됩니다. 이 책은 기도하며 읽어야 하며, 읽다가 무릎 꿇고 회개하고 다시 읽어야 하며, 하나님의 임재 가운데 감격의 눈물을 흘려가며 한 장 한 장을 넘겨야 할 책입니다. 마지막 한 장을 넘길 때 당신에게 임한 기름부으심으로 인하여 예수 그리스도 안에서 새로운 피조물의 특권을 누리는 그리스도인이 되어야 합니다.

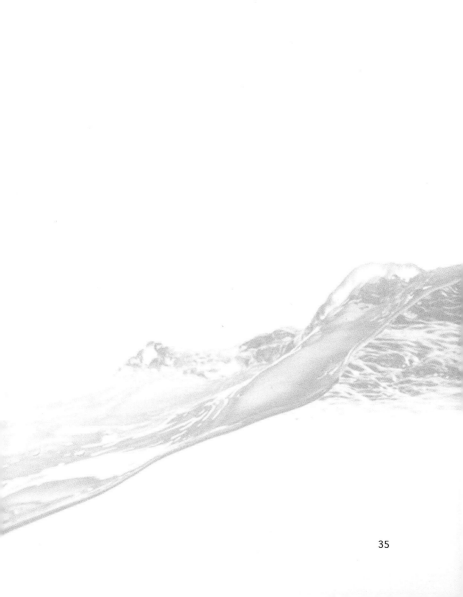

Anointing 자신이 그냥 교회만 왔다 갔

다 하며 신앙생활을 하는 사람인지, 예수를 믿는다고는 하지만 그

분과 아무런 개인적인 관계도 없는 사람인지 스스로에게 엄격히 질

문해보십시오. 거듭나지 않고 교회만 나가는 사람에게는 하나님과

의 생명적 관계가 없기 때문에 진정한 기름부으심이 임할 수 없습

니다. 거듭나야만 하나님의 자녀가 될 수 있고, 하나님으로부터 난

의(義)가 될 수 있습니다.

먼저 하나님의 나라와
의가 되어

기름부으심의 대전제, 나는 누구인가?

확실히 거듭났는가?

말씀치유집회 사역을 시작하고 초창기에 있었던 일입니다. 어느 날 집회를 인도하는 가운데 하나님께서 내게 진정한 구원에 대해 설교하라는 마음을 주셨습니다. 나는 집회에 모인 300명 정도 되는 분들에게 회심(回心)과 거듭남에 대해 설교하기 시작했습니다.

요지(要旨)는 구원이란 믿음으로 죄 사함을 받고 의롭게 되는 것이라고, 흔히 머리로 이해하고 또 그것을 믿는다고 고백하지만, 자신의 자아가 예수님과 함께 죽지 않고는 죄 사함이 없으며 중생(重生, 옛 사람이 죽고 예수님의 부활 생명으로 다시 태어나는 것) 없는 칭의(稱義)는 있을 수 없다는 것이었습니다. 진정한 구원은 진리에 대해 동의하거나 입술로만 고백하는 것이 아니라 자기 삶의 주인이 예수 그리스도로 바뀌는 실제적인 사건이라고 소개했습니다. 메시지를 전하고 난 뒤 나는 이렇게 말했습니다.

"혹시 아직까지 자신이 거듭나지 못했다고 생각하는 분이 있으면 그 자리에서 일어나보십시오."

말씀치유집회에는 대개 어느 정도 신앙생활을 한 기신자(旣信者)들이 많지만, 간혹 초신자들이 올 때도 있습니다. 그래서 그런 분들을 회심시키기 위해 특별히 이 메시지를 전한 것인데, 나는 그만 깜짝 놀라고 말았습니다. 왜냐하면 300명 중에 약 100명의 사람들이 자리에서 일어났기 때문입니다. 나는 집회에 참석한 분들이 무언가 내 말을 오해한 것 같아 다시 한 번 구원에 대해 진지하게 설교한 후, 정말 아직까지 거듭나지 못했다고 생각되는 분들만 다시 강대상 앞으로 나오시도록 초청했습니다. 그런데 처음 자리에서 일어났던 100여 명보다 더 많은 사람들이 우르르 앞으로 나오는 것이 아닙니까. 교회 다닌다는 사람 중에서 진실로 거듭난 사람은 많지 않다는 것을 깨닫고 나는 정말 깜짝 놀랐습니다.

그날 앞으로 나온 많은 사람들이 그동안 예수님을 자기 삶의 진정한 주인님으로 모시지 않았던 것을 회개했고, 다같이 진실로 예수님을 영접하는 기도를 드렸습니다. 자신이 거듭났고 하나님의 구원의 복을 받았다고 확신하게 된 사람들은 감격했고 기뻐 뛰며 하나님을 찬양하기도 했습니다. 그때 나는 그 일을 정말 기뻐하시는 하나님의 마음을 느낄 수 있었습니다.

나는 교회 안에 거듭나지 않은 사람이 많다는 것을 알았습니다. 모태(母胎)에서부터 또는 어릴 때부터 교회에 다녔거나 장성해서 전도를 받고 교회에 나온 많은 사람들 중에는 열심히 교회에 나오고 예배는 드리지만 복음이 뭔지도 모르고 그저 세월 따라 교회에 오래 다녔다는 자랑만 느는 사람도 많다는 것입니다.

그렇기 때문에 우리가 기름부으심을 사모하기 전에, 자신이 거듭났는지 심각하게 생각해보아야 합니다. 다시 말해서 자신이 그냥 교회만 왔다 갔다 하며 신앙생활을 하는 사람인지, 예수를 믿는다고는 하지만 그분과 아무런 개인적인 관계도 없는 사람인지 스스로에게 엄격히 질문해보아야만 합니다.

거듭나지 않고 교회만 나가는 사람에게는 하나님과의 생명적 관계가 없기 때문에 진정한 기름부으심이 임할 수 없습니다. 거듭나야만 하나님의 자녀가 될 수 있고, 하나님으로부터 난 의(義)가 될 수 있습니다.

기름부으심의 대전제

이 책을 읽고 있는 당신에게 묻습니다.

"당신은 교회 다니는 사람입니까? 거듭난 사람입니까?"

오늘 우리의 교회에서는 거듭남의 필요성을 제대로 강조하지 않습니다. 교회라는 조직과 제도에 충성하면 거듭났다고 생각하는 것 같습니다. 교회생활의 적당한 연수(年數)만 차면 자동적으로 세례 받고 집사가 되고 장로가 되고 하다보니 그 사람이 거듭났는지 아닌지 확인이 제대로 되지 않고 있는 것이 우리의 현실이 아닙니까? 예수님은 '여호와 신앙'의 지도자라고 자부하는 니고데모에게 이렇게 촉구하셨습니다.

> 진실로 진실로 네게 이르노니 사람이 거듭나지 아니하면 하나님나라를 볼 수 없느니라… 사람이 물과 성령으로 나지 아니하면 하나님나라에 들어갈 수 없느니라 육(肉)으로 난 것은 육이요 성령으로 난 것은 영(靈)이니 내가 네게 거듭나야 하겠다 하는 말을 기이히 여기지 말라 _요 3:3-7

스스로 아브라함의 자손이라 생각하며, 종교 지도자로 자처하며, 이스라엘의 선생이라고 생각한 자(요 3:10)가 거듭나지 못한 자로 평가받았다면, 대충 교회생활 하며 신앙의 연수만을 자랑하는 우리에게도 예수님은 "너희가 정말로 거듭났느냐?"라고 묻지 않으시겠습니까? 거듭남의 여부를 묻는 예수님의 엄중한 질문 앞에 헷갈려 하거나 흔들리는 사람은 거듭난 사람이 아닙니다.

거듭남은 '새 생명'(예수 생명)으로 다시 태어난 자를 말합니다. 자기 안에 새 생명이 있는 자는 그것을 감지합니다. 마치 여자가 임신하면 자기 복중(腹中)에 새 생명이 있음을 느끼듯이 말입니다. 임신한 여인은 독특한 신체 반응을 감지합니다. 독특한 생리 현상이 나타납니다. 그래서 입덧도 하게 되는 것이지요. 아이를 잉태한 여인은 임신 여부에 대해 헷갈려 하지 않습니다. 마찬가지로 자기 안에 (영적) 새 생명을 잉태한 자는 헷갈려 하지 않습니다. 새 생명을 가진 분명한 영적 자각 증상을 느낍니다.

거듭남의 자각 증상

거듭남의 자각 증상을 몇 가지 살펴봅시다.

첫째로, 거듭난 자는 죄를 멀리하며 의(義)를 행하는 데에 열심입니다.

의를 행하는 자마다 그(하나님)에게서 난 줄을 알리라

_요일 2:29

거듭난 자는 그의 의지가 급격한 변화를 일으켜 죄를 멀리하며(요일 3:9) 의를 행하게 됩니다. 하나님이 거룩하신 것처럼 그도 거룩해지기 위해 힘씁니다. 거듭난 사람은 마음과 힘과 뜻을 다해 하나님을 사랑하고 이웃을 자기 몸과 같이 사랑하는 것을 인생의 목표로 삼습니다. 이런 열매가 드러나지 않는 거듭남은 가짜입니다. 이런 행실의 열매 없이 입술로만 따라한 영접신앙으로 거듭났다고 착각하는 미몽(迷夢)에서 깨어나십시오.

둘째로, 거듭난 자는 세상을 이깁니다.

대저 하나님께로서 난 자마다 세상을 이기느니라 _요일 5:4

마음은 원(願)이로되 육신이 약해서 만날 세상에 졌다고 핑계 대는 자는 거듭난 자가 아닙니다. 물론 거듭난 자도 어쩌다 한 번 세상에 지는 때가 있습니다. 그러나 거듭난 자의 인생의 대세(大勢)는 세상의 유혹을 이기는 것입니다. 거듭남은 결코 매일 세상에 지는 모습으로 나타나지 않습니다. 만날 세상에 무릎 꿇는 것은 그 속에 거듭남의 생명이 없기 때문입니다. 다윗은 어쩌다 한 번 간음죄를 지은 것이지 매일 눈만 뜨면 간음죄를 저지른 것이 아닙니다. 우리는 거듭나도 매일 동일한 죄를 반복적으로 짓는 것으로 착각하고 있습니다. 매일 간음죄를 저지르는 사람은 결코 거듭난 자가 아닙니다.

또한 거듭난 사람은 세상을 두려워하지 않습니다. 거듭난 사람은 사람들의 기분을 상하게 하는 것보다 하나님의 분노를 초래하는 것을 더 두려워합니다. 거듭난 사람은 보이지 않는 하나님만을 바라보며, 어디로 가든지 하나님을 따르기로 결심합니다. 그러다 보면 때로 세상 사람들과는 다른 길을 가는 구별된 삶을 살아야 합니다. 거듭난 사람은 그러한 상황도 마다하지 않습니다.

거듭났으면 마땅히 기름부으심을 구하라

거듭난 자에게는 반드시 이런 자각 증상(열매)들이 있습니다. 당신에게 이런 증상들이 있습니까? 당신의 거듭남이 진짜인지 확인해보십시오. 오늘 타성에 젖은 채 교회를 나가주는 당신에게 묻습니다.

"당신은 거듭난 크리스천입니까? 당신은 거듭난 집사입니까? 당신은 거듭난 권사입니까? 당신은 거듭난 장로입니까?"

여기에 똑바로 대답하지 못하고 확신 없이 헷갈려 한다면 스타트 라인에 다시 서서 새 출발 하십시오. 아깝지만 잘못 끼운 첫 단추를 다시 끼워야 하지 않겠습니까? 예배당 오래 다녔다는 자긍심이 중요한 것이 아니라 구원이냐 멸망이냐가 중요한 것입니다. 오늘 십자가에서 나의 옛 사람이 죽고 부활해서 예수님과 더불어 새 생명으로 일어나게 하는(롬 6:3-11) 거듭남의 출발점으로 다시 돌아가서, 그리스도 안에서 새로운 피조물이 되는 역사(고후 5:14-17)

를 체험하십시오. 이런 역사를 모르는 자는 사이비 신자입니다.

> 저희가 이 말을 듣고 마음에 찔려 베드로와 다른 사도들에
> 게 물어 가로되 형제들아 우리가 어찌할꼬 하거늘 베드로
> 가 가로되 너희가 회개하여 각각 예수 그리스도의 이름으
> 로 세례를 받고 죄 사함을 얻으라 그리하면 성령을 선물로
> 받으리니 _행 2:37,38

> 만일 우리가 우리 죄를 자백하면 저는 미쁘시고 의로우사
> 우리 죄를 사하시며 모든 불의에서 우리를 깨끗케 하실 것
> 이요 _요일 1:9

그러나 이제 정말 당신이 성령의 역사로 말미암아 그리스도
와 더불어 죽고 그리스도와 더불어 부활하여 거듭난 자가 되었다
면, 당신이 하나님나라 백성이며 당신에게 하나님의 영광의 임재
가 있다면, 하나님은 당신을 통해서 하나님 자신의 성품과 능력을
나타내기 원하십니다. 이 땅에 자신의 영광을 나타내기 원하십니
다. 하나님의 자녀인 당신 안에 성령님이 임하시고 나타나시는 것
이 곧 기름부음입니다.

동시에 당신의 육신은 어쩌다 부득이 죄를 지을지라도 당신

의 본질은 변했기 때문에 당신의 마음은 의(義)에 대한 굶주림이 나타납니다. 그것이 바로 기름부음에 대한 갈급함입니다. 그분이 온전히 당신을 사로잡을수록 당신이 자신을 포기하는 만큼 하나님의 기름부으심이 강력하게 나타납니다. 하나님의 기름부으심을 받아야만 하나님나라를 위해서 온전히 쓰임 받을 수 있습니다.

나는 누구인가?

당신은 당신 자신을 누구라고 생각합니까? 당신은 자신을 누구라고 규정하십니까? 거듭 강조하지만 이 부분이 해결되지 않으면 모든 신앙생활은 사상누각(沙上樓閣)일 뿐입니다. 당신이 아무리 많이 배웠고 아무리 뛰어난 학식을 자랑한다고 해도 지금 아무리 높은 자리에 있다고 해도 거듭나지 않았고 예수님의 대속(代贖)과 십자가의 보혈과 성령의 권능이 적용되지 않는다면 하나님을 위해서 하는 모든 일은 아무것도 아닙니다. 한마디로 예수 그리스도의 십자가와 성령의 능력이 당신에게서 나타나지 않는다면 다른 모든 행위와 노력은 헛된 것이라는 말입니다.

오직 예수 그리스도의 십자가 사건과 성령님의 임재가 나와 당신에게 능력이 되어야 합니다. 그 능력 없이는 아무것도 할 수 없습니다. 그래서 인간의 본성, 나의 본질을 예수 그리스도의 십자가 사건과 성령을 통해 조망해보고, 현재 나의 상태는 어떤지 또 나는 나를 누구라고 하는지 알아야 합니다. 그럴 때라야 기름 부으심이 임합니다.

하나님의 프로젝터 작동

이제 나는 본질이 바뀐 존재가 되었습니다. 내 안에 세상 신(神)이 사라지고 그리스도의 영(靈)이 들어왔기 때문에 더 이상 세상 신의 본질을 나타내는 존재가 아닌 하나님의 법을 다시 나타내는 존재로 변화되었습니다. 우리 안에 새 사람과 옛 사람이 같이 사는 것이 아닙니다. 옛 사람은 죽고 없고 이제 나는 새 사람입니다.

> 우리가 알거니와 우리 옛 사람이 예수와 함께 십자가에 못 박힌 것은 죄의 몸이 멸하여 다시는 우리가 죄에게 종노릇 하지 아니하려 함이니 이는 죽은 자가 죄에서 벗어나 의롭다 하심을 얻었음이니라 만일 우리가 그리스도와 함께 죽었으면 또한 그와 함께 살 줄을 믿노니 _롬 6:6-8

> 그런즉 누구든지 그리스도 안에 있으면 새로운 피조물이라 이전 것은 지나갔으니 보라 새것이 되었도다 _고후 5:17

이제 내 마음에서 원하는 바는 하나님의 법입니다. 내 심령에 하나님의 영이 들어오셨기 때문입니다. 마음은 마치 스크린과 같습니다. 프로젝터에서 무엇을 비추느냐에 따라 그 마음이 달라지는 것입니다. 세상 신이 비추면 세상 신의 본질을 나타내고 성령님이 비추면 하나님의 뜻을 나타냅니다. 그런데 당신이 예수 그리스도와 믿음으로 연합했을 때 세상 신의 프로젝터는 부서지고 하나님의 프로젝터가 작동하여 당신의 마음판은 하나님의 법을 나타내고 하나님의 법을 섬기기 원하는 것입니다.

내가 원하는 바(마음으로, 괄호는 저자 추가) 선은 하지 아니하고 도리어 원치 아니하는 바 악은 행하는도다(육신으로) 만일 내가 원치 아니하는 그것을 하면 이를 행하는 자가 내가 아니요 내 속에 거하는 죄니라 _롬 7:19,20

우리 주 예수 그리스도로 말미암아 하나님께 감사하리로다 그런즉 내 자신이 마음으로는 하나님의 법을, 육신으로는 죄의 법을 섬기노라 _롬 7:25

그런데 문제는 우리가 육신에 거한다는 사실입니다. 마음으로는 하나님의 법을 섬기면서 육신으로는 그렇지 못한 것은 아직까지 옛 사람이라서 그런 것이 아닙니다. 거듭났고 구원 받았다면 이제는 새 사람이 되었고 마음은 하나님의 영광을 드러내기를 원합니다.

하지만 우리의 육신을 대표하는 머리에는 과거의 모든 육체의 일들이 저장되어 있고 마음이 오감(五感)에 따라서 판단, 선택, 결정, 집착과 갈망하고자 하는 구습(舊習)들과 사고방식, 또한 그것으로 인한 상처와 쓴뿌리들이 남아 있어서 지속적으로 옛날로 돌아가기를 원하는 것입니다(로마서 8장 10,11절을 다시 읽어보십시오). 이것이 바로 육신의 소욕(욕심)입니다. 결코 본질이 다시 바뀌거나 하는 것이 아닙니다. 당신이 확실히 믿고 거듭났다면 당신은 새 사람으로 변화되었습니다. 당신의 본질이 왔다 갔다 하는 게 아닙니다.

하나님의 본질적 자녀

당신이 진정으로 회개하고 거듭나서 구원 받았다면 당신은 그리스도 안에서 새로운 피조물입니다. 이 사실을 믿음으로 굳게 믿어야 합니다. 당신은 당당한 하나님의 아들딸입니다. 그렇지만 우리는 죄를 지을 수 있습니다. 왜냐하면 고착된 구습을 타고 죄의 세력이 우리의 육신을 틈타기 때문입니다. 그런 삶을 버리고 하나님나라의 사고방식에 따라 하나님나라의 삶을 배우는 과정이 바로 성화(聖化, sanctification)입니다.

우리가 하나님의 생명과 하나님의 본질을 나타내는 존재이지 세상 신의 본질을 나타내는 존재가 아니라는 점이 흔들리고 당신이 매번 그 점에서 속는다면 백날 가야 하나님의 기름부으심을 받을 수 없고 능력이 나타나지 않을 것입니다. 당신이 하나님의 아들딸일 때 하나님께서 그 자녀에게 주시는 하늘의 기름부으심과 권세와 능력이 나타나는 것이지 당신이 죄인이고 당신이 앞으로 언젠가 거룩한 사람이 된다면 하나님께서 언제 하나님의 권세와 능력을 주실 수 있겠습니까?

> 찬송하리로다 하나님 곧 우리 주 예수 그리스도의 아버지께서 그리스도 안에서 하늘에 속한 모든 신령한 복으로 우리에게 복 주시되 _엡 1:3

당신이 하나님의 자녀가 될 때 하나님이 주신 권세와 능력으로 당신을 속이는 죄를 예수의 이름으로 물리칠 수 있다는 것을 믿으시기 바랍니다. 자신이 죄인인지 의인인지, 자신이 옛 사람인지 새 사람인지 자신의 정체성에 대해 헷갈린다면 다시 한번 자신의 정체성을 점검해보십시오. 당신이 하나님으로부터 난 거듭난 사람이라면 당신에게는 분명히 변화가 나타납니다. 당신 안에 하나님의 생명이 거하기 때문입니다.

예전과 달리 당신의 삶의 기울기가 현저히 하나님께로 기울어져 있습니까? 하나님이 주시는 참 기쁨이 있습니까? 삶 가운데 사랑과 희락과 화평과 오래 참음과 자비와 양선(良善) 등 성령의 열매를 맺고 있습니까? 의(하나님 보좌 앞으로 더 나아가고자 하는 마음, 이 땅에 그분의 아름다운 덕을 나타내고자 하는 마음)에 대한 굶주림이 있습니까? 정말 죄를 미워하는 마음이 있습니까? 이런 점이 확실하다면 더 이상 고민하지 말고 믿으십시오. 당신의 본질은 이미 하나님의 자녀입니다.

하나님은 자신의 자녀들에게 기름부어주실 수 있고 기름부어주시길 원하십니다. 하나님의 자녀이면서, 하나님이 주시는 다른 복은 그렇게 구하고 찾으면서, 권능의 기름부으심은 왜 간절히 구하지 않습니까? 성령이 임하시면 권능을 받아 땅끝까지 복음을 전하는 주님의 증인이 되기로 결단한 그리스도인에게 기름부으심은 절대적으로 필요합니다.

우리는 예수 그리스도를 전할 뿐만 아니라 예수님이 행하셨던 일도 증거해야 합니다. 그분이 보여주셨던 하나님나라를 보여주고, 그 나라는 오직 예수 그리스도만을 통해서 갈 수 있다는 것을 전하는 것이 진짜 복음입니다. 이제부터 이 복음을 능력 있게 증거하기 위해 기름부으심을 간절히 구하십시오.

Anointing 2

자신이 '하나님의 의'임을 알 때
기름부으심을 온전히 받을 수 있다

네까짓 게 뭔데?

말씀치유집회는 매주 월요일 오후 7시에 선한목자교회(유기성 목사 담임, 성남시 복정동) 본당에서 열립니다. 귀한 집회를 앞두고 있으니 월요일은 종일 기도로 준비하면 좋겠지만, 저는 그날도 학교에 출근해서 업무를 보고 수업도 해야 합니다. 학교에 가면 학장으로서, 교수로서 해야 할 일들이 많아 기도시간을 길게 갖기도 어렵습니다. 어떤 때는 맡은 일을 수행하면서 본의 아니게 학교 직원이나 학생들에게 상처를 주게 되기도 합니다.

그런데 집회 장소로 떠나기 전에 학교 사무실에서 집중하여 하나님께 기도하려고 할 때, 내 안에서 이런 속삭임이 들려오는 경우가 있습니다.

"너 같은 게 치유집회 인도를 하겠다고? 네가 그러고도 사람들 앞에 설 수 있어? 너는 기도도 많이 안 했고, 제대로 사랑하지도 못했잖아. 그런 주제에 네가 어떻게 감히 다른 사람을 돕겠다는 거야? 오늘 하나님께서 너와 함께하지 않으실 거다!"

그런 생각이 몰려오는 날에는 솔직히 집회에도 가기 싫고 어디론가 도망치고 싶습니다. 하지만 그 속삭임은 하나님께서 주시는 마음이 아니라 자신을 정죄케 하고 잘못에 집착하라는 사탄의 목소리였습니다. 하나님은 죄를 회개하고 돌이키라고 말씀하시지, 그 죄 때문에 나를 버리겠다고 말씀하지 않으십니다.

> 그러므로 이제 그리스도 예수 안에 있는 자에게는 결코 정죄함이 없나니 이는 그리스도 예수 안에 있는 생명의 성령의 법이 죄와 사망의 법에서 너를 해방하였음이라 _롬 8:1,2

진정으로 회개했다면 우리는 모두 예수 그리스도로 말미암은 하나님의 의(義)입니다. 그러나 사탄은 우리가 구습(舊習)에 따라 짓는 죄에 대해 계속 우리를 참소(讒訴)합니다. 사탄은 언제나 이 말 하기를 좋아합니다.

"네까짓 게 뭔데?"

다른 사람들은 말씀치유 사역자인 나는 그런 마음이 들지 않는 줄 알지만, 나 역시 남들과 똑같습니다. 특히 말씀치유집회와 같이 하나님이 직접 역사하시는 시간을 위해 기도로 준비할 때는, 나를 낙심케 하는 사탄의 참소와 미혹들이 너무 많습니다.

그렇게 사탄이 참소할 때에도 우리는 자신이 하나님의 의(義)라는 굳은 믿음을 가져야 합니다. 자신의 죄에 대해서는 당연히 회개해야 하지만, 그 죄 때문에 하나님께서 나를 버리지는 않으실 거란 믿음을 가져야 합니다. 사실 그것은 믿음에 앞서 하나님 아버지와의 영원한 생명적 관계이기도 합니다. 회개하고 하나님께 나아갈 때 주님은 우리가 믿음의 계단을 한 단계 더 올라설 수 있도록 해주시며, 우리가 주님의 은혜를 더욱더 드러내게 해주십니다.

나도 예수님처럼 살 수 없을까?

예수님은 처음부터 죄가 없는 분이셨습니다. 그분에게는 죄의식도 없었고 정죄감도 없고 처음부터 성령으로 잉태되시고 처음부터 죄 없이 성령세례를 받으시고 공생애를 시작하셨습니다.

우리에게 있는 대제사장은 우리 연약함을 체휼하지 아니하는 자가 아니요 모든 일에 우리와 한결같이 시험을 받은 자로되 죄는 없으시니라 _히 4:15

그렇다면 우리도 그 예수님 때문에 죄 사함을 받았고 성령도 받았습니다. 그런데 우리는 왜 예수님이 교제하신 것처럼 그렇게 하나님과 교제하지 못합니까? 예수님은 죄가 없으시고 성령세례를 받으시고 사역을 하셨고, 우리는 그 예수님 때문에 죄 사함을 받았고 예수님이 보혜사 성령님을 보내주셨는데, 따지고 보면 똑같은 상태인데, 우리는 왜 예수님처럼 살 수 없을까요?

나를 믿는 자는 나의 하는 일을 저도 할 것이요 또한 이보다 큰 것도 하리니 이는 내가 아버지께로 감이니라

_요 14:12

거듭난 그리스도인이라면, 하나님을 정말 사랑하는 자라면 누구나 예수님처럼 살기를 원할 것입니다. 또 그분이 행하신 것처럼 그렇게 행하기를 원할 것입니다. 그런데도 우리는 왜 예수님이 말씀하신 것처럼 하지 못합니까? 우리는 왜 하나님께서 우리에게 은혜로 주신 것들을 누리지 못합니까? 우리를 붙들고 있는 것은 무엇입니까? 그 답은 예수님은 처음부터 죄가 없으신 분이라는 사실입니다.

그러나 우리는 예수님과 달리 죄악 가운데 살다가 예수 그리스도를 통해 죄 사함을 받았습니다. 비록 우리가 죄 사함을 받았

지만 우리의 육신적인 생각들과 삶과 구습(舊習)의 모든 행태들은 여전히 우리 안에 남아 있고, 그것들로 인하여 우리 안에 죄의식, 정죄감, 죄책감이 우리를 붙들고 있습니다. 우리가 죄 사함을 받았는데도 불구하고 육신에 남아 있는 소욕들로 인해 여전히 날마다 삶 속에서 죄의식에 붙잡혀 있다는 것입니다. 하지만 우리는 날마다 회개함으로써 이 죄의식으로부터 자유해야 합니다. 우리는 우리 삶의 모습이 아니라 우리의 본질적인 측면에서 이 죄의식, 죄책감, 정죄감으로부터 해방되어야 합니다. 사탄은 우리의 현재 삶을 보라고 참소하지만, 하나님은 우리의 본질이 무엇이고 누구인지 알기를 끊임없이 말씀하십니다.

> 주(主)는 영(靈)이시니 주의 영이 계신 곳에는 자유함이 있느니라 _고후 3:17

우리는 사탄의 권세로부터 벗어났습니다. 우리는 세상의 법이 아니라 하나님나라의 법에, 어둠 가운데 있는 것이 아니라 빛 가운데 있는 존재입니다. 문제는 우리가 죄 사함을 받았는데도 여전히 이 죄의식에 젖어 있기 때문에 우리가 하나님의 의(義)라는 사실은 모른다는 것입니다. 우리는 날마다 우리가 하나님의 의라는 사실을 묵상해야 합니다.

죄의식 처리

복음에는 하나님의 의가 나타나서 믿음으로 믿음에 이르게
하나니 기록된바 오직 의인은 믿음으로 말미암아 살리라
함과 같으니라 _롬 1:17

하나님이 죄를 알지도 못하신 자로 우리를 대신하여 죄를
삼으신 것은 우리로 하여금 저의 안에서 하나님의 의가 되
게 하려 하심이니라 _고후 5:21

우리가 이 땅에 사는 동안 하나님의 뜻을 온전히 이루지 못하
고 하나님의 은혜를 온전히 누리지 못하는 것은 바로 이 죄의식
때문입니다. 하나님의 모든 약속을 믿고 받아들이는 일을 방해하
는 것 또한 이 죄의식입니다.

여전히 죄의식에 사로잡혀서 감히 자신이 '하나님의 의'가
될 수 있을까 의심하는 것은 겸손이 아니라 무지와 교만이라는 것
도 잊어서는 안 됩니다. 그러면 우리가 어떻게 하나님의 의가 될
수 있습니까? 자신의 공로나 율법의 행위로, 자기의(自己義)로 될
수 있습니까? 성경은 오직 믿음으로 그것을 얻을 수 있다고 했습
니다.

그러므로 우리가 믿음으로 의롭다 하심을 얻었은즉 우리
주 예수 그리스도로 말미암아 하나님으로 더불어 화평을
누리자 _롬 5:1

하나님의 의가 되었음을 묵상하라

성경에서 말하는 의(義)란 죄인이 하나님이 베푸시는 은혜를
믿음을 통해 받아들임으로써 하나님께 용납 혹은 열납되는 상태
를 말합니다. 다른 말로, 우리가 하나님의 의(義)가 되었다는 것은
두려움이나 죄책감 없이 하나님 앞에 나아갈 수 있게 되었다는 뜻
입니다. '의'란 하나님의 본질과 생명을 나타내는 말로 우리가 공
포감이나 죄책감 없이 하나님 앞에 나아갈 뿐 아니라 예수 그리스
도 안에서 하나님을 대표해서 하나님의 본질을 나타낸다는 뜻이
기도 합니다. 예수 그리스도 안에서 하나님의 의가 되었다는 것은
이 땅에서 하나님을 대표한다는 것입니다. 하나님은 자신의 영광
과 자신의 본질을 우리 안에서 비추고 계십니다.

어두운 데서 빛이 비취리라 하시던 그 하나님께서 예수 그
리스도의 얼굴에 있는 하나님의 영광을 아는 빛을 우리 마
음에 비취셨느니라 _고후 4:6

우리는 믿음으로 의로워집니다. 믿음이 없이는 하나님을 기쁘시게 할 수 없습니다. 우리에게 왜 믿음이 필요합니까? 하나님의 진리와 비밀은 우리 눈에 보이는 것, 우리 귀에 들리는 것, 우리 마음에 생각되는 것과는 다르기 때문입니다. 세상의 믿음이 아니라 성령을 통해서 우리에게 주시는 믿음은 사람의 지혜에 있지 않고 하나님의 능력에 있습니다.

너희 믿음이 사람의 지혜에 있지 아니하고 다만 하나님의
능력에 있게 하려 하였노라 _고전 2:5

따라서 우리는 우리가 하나님의 의가 되었음을 묵상하고 더 많은 하나님의 계시의 조명을 받아야 합니다. 지금까지 죄를 어떻게 제할 것인가, 율법을 어떻게 더 잘 지킬 것인가를 묵상해온 삶에서 돌아서십시오. "나는 그리스도 안에 있다", "나는 죽고 나는 이제 성령이 거하는 성전이다", "이제 나는 하나님의 새로운 피조물이다", "나는 하나님의 의다"라는 점을 계속 선포하며 묵상해야 합니다.

그렇지 않으면 당신은 죄에 묶일 수밖에 없습니다. 당신이 하루 24시간 동안 무엇을 생각하느냐가(심느냐가) 당신을 결정짓습니다.

스스로 속이지 말라 하나님은 만홀히 여김을 받지 아니하
시나니 사람이 무엇으로 심든지 그대로 거두리라 _갈 6:7

당신이 온종일 이 땅을 살아가면서 정죄의식으로 고심하는
한 당신이 거기에 묶이는 것은 당연합니다. 반면에 당신이 거의
모든 시간을 하나님의 의로서 하나님의 영광을 나타내며 하나님
의 새로운 피조물로서 하나님이 주시는 계시의 문을 활짝 열어놓
고 있을 때 당신은 변화될 것입니다.

마음에 가득한 것이 무엇인가?
온종일 당신의 마음에 가득한 것이 무엇입니까? 그것이 당신
을 결정짓는다는 것을 잊으면 안 됩니다. 항상 하나님의 일이라고
앞세워 자기의(自己義)인 세상의 성공, 돈, 명예, 다른 사람들의 인
정 등 땅의 것들을 묵상하십니까?
당신의 본질은 새로운 피조물이고 당신은 하나님의 의이고
날마다 하나님나라의 일을 생각하고 날마다 그분의 기름부으심
을 생각하고 날마다 그분이 주시는 계시 속으로 들어가 있는 당신
을 묵상하십시오.
아버지가 술주정뱅이인 자식은 "나는 절대로 술은 입에도 안
댈 거야!"라고 결심해도 대부분 그 역시 술을 마시는 경우가 많습

니다. 부모가 도박하는 것을 보고 자란 자식도 대개 도박에 손을 댑니다. 자기 부모가 술 못 끊고 도박 못 끊어서 온 가족을 평생 고생시켰는데도 똑같이 술 먹고 도박하고 오히려 아버지보다 더한 사람이 되는 것을 보면 참으로 아이로니컬합니다.

하지만 어떤 의미에서 그것은 당연합니다. 그가 평생 보고 배우고 경험한 것이 그것밖에 없기 때문입니다. 그 마음에 가득한 것이 그의 됨됨이를 나타내기 때문입니다.

대저 그 마음의 생각이 어떠하면 그 위인도 그러한즉
_잠 23:7

그러므로 남을 판단하는 사람아 무론 누구든지 네가 핑계치 못할 것은 남을 판단하는 것으로 네가 너를 정죄함이니 판단하는 네가 같은 일을 행함이니라 _롬 2:1

본질로 돌아가자

당신이 평생 죄 안 짓는다는 것이 아닙니다. 죄를 지을 수 있습니다. 그러나 참으로 회개하고 다시금 하나님의 의가 된 자신의 본질을 묵상하는 것이 중요합니다. 이것은 우리의 평생 치유의 원리입니다. 당신의 마음에 가득한 것이 당신을 나타냅니다. 당신의 본질은 새로운 피조물입니다. 이것이 바로 십자가의 능력이 나타나고 기름부으심이 나타날 수 있는 기초입니다.

> 그러므로 너희가 그리스도와 함께 다시 살리심을 받았으면 위의 것을 찾으라 거기는 그리스도께서 하나님 우편에 앉아 계시느니라 위의 것을 생각하고 땅의 것을 생각지 말라 이는 너희가 죽었고 너희 생명이 그리스도와 함께 하나님 안에 감춰었음이니라 _골 3:1-3

당신이 때론 죄를 짓지만 당신이 죄 짓는 것이 아니라 당신의 육신의 집착과 욕망에 죄가 틈을 타서 들어오는 것입니다.

'그렇다면 그것은 죄의 문제이지 내가 책임져야 할 일이 아니지 않는가?'

결코 그렇지 않습니다. 그리스도의 몸에 죄의 세력을 허용하거나 죄에 속은 것은 당신이 책임져야 할 문제입니다. 철저히 회개해야 합니다. 죄를 멸할 수 있는 최선의 방법은 육신 안에서 죄와 대적하는 것이 아니라 성령 안에 거하는 것입니다. 그럴 때 죄의 세력이 틈을 탈 수 없기 때문입니다. 빛 가운데 어둠이 있을 수 없는 것과 같은 이치입니다.

당신이 묵상해야 할 것은 육신의 소욕(所欲)이 아니라 성령의 소욕이요 하나님의 의(義)가 되어야 합니다. 당신은 하나님의 의입니다. 이제 당신의 삶은 죄와 율법을 묵상하고 죄와 율법으로부터 벗어나는 것이 아니라 하나님의 영광을 나타내는 데로 집중되어야 합니다. 그분이 당신 안에 계시기 때문입니다.

> 내가 그리스도와 함께 십자가에 못 박혔나니 그런즉 이제는 내가 산 것이 아니요 오직 내 안에 그리스도께서 사신 것이라 이제 내가 육체 가운데 사는 것은 나를 사랑하사 나를 위하여 자기 몸을 버리신 하나님의 아들을 믿는 믿음 안에서 사는 것이라 _갈 2:20

당신은 오직 예수 그리스도를 믿는 믿음 안에서 삽니다. 사람이 언제 변화됩니까? 정죄하기만 해서는 사람이 바뀌지 않습니다. 자신이 하나님의 의라는 사실을 자각해야 육신의 소욕이 사라지고 하나님께 더 크게 붙들립니다. 죄를 안 지으려고 고생고생하며 노력하는 것이 아니라 자신이 하나님의 의(義)라는 사실을 믿을 때 죄가 싫어지고 미워지는 것입니다. 죄가 미워지기 때문에 자연히 죄에서 멀어지고 하나님이 기뻐하시는 일에 진력하게 됩니다. 그럴 때 비로소 육체의 일들이 자연히 사라지게 되어 있습니다. 시간이 걸리더라도, 잘 안 되더라도 반드시 예수 그리스도 안에 붙어 있을 때 그분의 사랑이 점점 더 커지고 그럴 때 당신의 신앙이 지속적으로 성숙할 것입니다.

"주님, 내가 의로운 자로서 주님 앞에 설 수 있도록, 제가 두려움과 죄책감 없이 주님 앞에 온전히 설 수 있도록, 주님의 자녀로서 이 땅에 주님의 아름다운 덕(德)을 선전할 수 있도록 내 마음 속에 있는 죄책감, 정죄감, 죄의식을 제거하여주옵소서!

오직 그 일은 하나님의 사랑으로만 가능합니다. 오직 그 일은 우리가 하나님의 의(義)임을 알게 될 때 가능합니다. '복음에는 하나님의 의가 나타나서 믿음으로 믿음에 이르게 한다'고 하셨으니 하나님의 의가 나타나게 해주옵소서. 두려움이나 정죄감이 아니라 하나님의 의가 나타나게 하옵소서.

우리의 심령에 하나님의 영광이 빛을 발함으로써 우리의 마음이 하나님의 본질을 나타내는 것을 믿음의 눈으로 바라보게 하옵소서. 하나님의 사랑과 기쁨과 거룩함을 나타내는 것을 바라보게 하옵소서. 우리의 문제가 어떻든지 상관없이 그 육체의 일 위에 하나님의 본질이 비춰지는 것을 믿음의 눈으로 바라보게 하옵소서.

'하나님의 나라는 먹는 것과 마시는 것이 아니요 오직 성령 안에서 의와 평강과 희락이라'고 하셨사오니 하나님의 영원한 생명인 그 영광과 사랑이 우리의 모든 육체의 일을 덮고 강렬한 빛을 비춰고 있음을 바라보게 하옵소서.

뱃속 깊숙한 곳에서부터 흘러넘치는 생수(生水)를 따라 우리의 마음에 하나님의 사랑과 생명, 의와 평강과 희락이 우리의 온 육체의 일들에 퍼져나가며 완전히 빛 가운데 바뀌는 것을 믿음의 눈으로 바라보게 하옵소서."

이것이 바로 믿음세계에 있는 능력의 통로입니다. 육(肉)의 생각이 아니라 성령 안에서 영(靈)의 생각에 사로잡혀 그 능력의 통로가 더 커지게 하십시오. 당신이 하나님의 의라고 믿고 행동하지 못한다면 하늘의 기름부으심을 받을 수가 없습니다. 당신이 진정으로 생명 얻는 회개를 통해 거듭난 사람이라면 믿음으로 굳게 선포하십시오.

"나는 하나님의 의다."

"나는 하나님의 자녀이다."

"나의 아버지는 여호와 하나님이시다."

"나의 몸은 주님의 것이고 성령님이 거하시는 성전이다."

Anointing 기름부으심의 흐름은 우리 자신을 위한 것이 아니라, 다른 사람을 향한 것이며 이 땅에 하나님의 영광을 나타내는 것입니다. 따라서 우리는 늘 하나님이 주시는 거룩한 부담감에 민감해야 합니다. 즉, 하나님의 사랑의 통로로서 늘 흘려보내는 일에 마음을 쏟아 부어야 합니다. 그 일을 위해서는 성령 안에서 기도할 줄 알아야 합니다. 단순한 마음이나 말의 기도가 아니라 성령 안에서, 하나님의 뜻대로 하는 기도입니다.

오직 마음을 새롭게 함으로
변화를 받아

Anointing 3

회개 없이
진정한 기름부으심을 기대하지 말라

기름부으심을 구하는 훈련 비움 ❶

한 사람이 흘려보낸 기름부으심

"기름부으심을 꼭 흘려보내십시오."

이것은 지난 2007년 2월, 내가 일본 나가노 여행에 동행했던 규장 출판사의 여진구 대표에게 성령세례와 기름부으심을 위한 안수기도를 한 다음 그에게 당부한 말입니다. 그가 성령세례를 받은 후 변화된 이야기는 《고맙습니다 성령님》에도 잠깐 소개한 적이 있습니다.

여진구 대표는 나의 책 《고맙습니다 성령님》과 《왕의 기도》가 세상에 나와 하나님의 영광을 위해 사용되도록 도운 귀한 동역자요 함께 하나님나라를 꿈꾸고 섬기는 사람입니다. 그와 동역하며 교제하는 가운데 그 당시에 있었던 일의 전말은 물론 그 후에 되어진 일들에 대해 좀 더 자세한 간증을 나눌 기회가 있었습니다.

성령님의 임재에 사로잡히자 그는 말씀과 기도에 더 갈급해졌습니다. 성령님께서 그의 마음에 의(義)에 대한 거룩한 갈망을 일으키신 것입니다. 그는 하나님의 더 큰 기름부으심을 사모하게 되었고 더 깊은 은혜의 세계로 들어갔습니다. 그러던 어느 날 그가 기도하고 있을 때, 하나님께서 갑자기 규장과 갓피플 직원들에게 회개하라는 마음을 주셨습니다.

"아니 하나님, 갑자기 회개라니요…?"

하나님께서는 주변 사람들에게 잘못한 일들을 구체적으로 회개하고 그들에게 가서 직접 용서를 구하기 원하셨습니다. 그중에서도 먼저 규장의 직원들에게 사과하라고 말씀하셨습니다.

"네? 하나님, 무슨 말씀이세요? 그래도 제가 회사 대표로서 직원들에게 제법 잘 대해주었다고 생각하는데요?"

그는 하나님께서 자신에게 왜 그런 말씀을 하시는지 좀 뜨악했다고 합니다. 그러자 곧 성령님께서 그의 마음속에 파노라마를 펼쳐 보여주셨습니다. 겉으로는 미소 짓고 인자한 듯 보이지만 직원들이 낸 업무 성과가 마음에 차지 않으면 심한 말로 상처를 주고, 자신의 기준으로 직원들을 쉽게 판단하고 정죄하고 심지어 몇 몇 직원을 미워했던 일까지, 그는 다 잊고 지냈지만 성령님께서 기억나게 하신 것입니다.

그는 자신의 잘못들을 생각하며 눈물로 회개 기도를 드렸습니다. 그러나 하나님께서는 그것으로 만족하지 않으셨습니다. 그가 직원들 앞에서 직접 공개자복 하기를 원하셨습니다. 처음에 그는 그 뜻을 외면했지만, 이후에 기도하려고 하기만 하면 하나님께서 "왜 그걸 이야기하지 않느냐?"고 말씀하시며 그의 마음을 어렵게 만드셨습니다.

결국 그는 회사에서 아침마다 드리는 예배 시간에 전 직원들 앞에서 공개자복을 했습니다. 대표가 갑자기 눈물을 흘리며 자기 마음에 품었던 진정으로 사랑하지 않은 죄, 미워하고 정죄하고 판단하고 상처를 준 말과 행동을 털어놓고 용서를 구하자, 직원들은 무척 어리둥절해했습니다.

"그렇게 회개한 후에, 난 이제 창피해서 직원들 얼굴을 어떻게 보나 했어요."

여 대표가 쑥스러운 듯 얼굴을 붉히며 내게 말했습니다.

"그런데 놀라운 일은 그때부터 시작되었습니다."

이야기인즉, 그 회개 이후 직원들 역시 더 진실한 모습으로 여 대표에게 다가왔고, 오히려 어떤 직원은 대표님에게 나쁜 마음을 품었다며 용서를 구하기도 했다는 것입니다. 그 후 여 대표는 아침 예배의 회복을 선포했고, 4월 6일 규장과 갓피플 전 직원들에게 강력한 성령님의 능력이 임하는 성령체험 사건이 일어났고, 이후로도 직원 한 사람 한 사람이 성령님과의 교제의 끈을 놓지 않았습니다.

사옥(社屋) 옥상에 '십자가' 기도실을 만들어 기도의 불이 꺼지지 않게 되었고, 특별부흥회를 계기로 모든 직원들이 공개자복하는 등, 회개의 바람은 규장과 갓피플 전 직원들에게서도 일어나 업무적으로 반목한 직원, 개인적으로 마음에 앙금이 쌓인 직원들과 부서 간에, 하나님 앞에 회개하고 서로 용서하여 그간 닫혀 있고 묶여 있었던 것이 풀어지는 역사가 일어났습니다. 그렇게 규장과 갓피플 가운데 계속해서 하나님의 기름부으심이 흘러갔습니다.

CEO 한 사람의 회개를 통해 막혔던 기름부음의 물꼬가 트이면서 기름부으심이 전 직원들에게 흘러가고, 기름부으심을 받은 그들이 기도하고 기획하며 만드는 책을 통해서 또 인터넷 공간으로 그 기름부으심이 흘러가고 있습니다. 이제 그들이 자신의 가족과 교회와 교회의 지체들에게 그 기름부으심을 다시 흘려보내는 놀라운 일들이 일어나고 있으니 하나님의 일이 얼마나 놀랍습니까? 여 대표와 나는 손을 맞잡고 하나님께 영광을 올려드렸습니다.

그뿐만이 아닙니다. 하나님은 그에게 다시 가족들에게도 사과할 것을 말씀하셨습니다.

"네가 제일 사랑하는 사람, 너와 가장 가까운 사람한테 한 잘못은 왜 회개하지 않느냐? 가족에게 잘못한 것을 회개하고 사과해라."

여 대표는 자신이 하나님이 말씀하시는 사랑에 비하면 턱없이 부족한 가장(家長)이었다는 것을 절실히 깨달았습니다. 그는 가정예배를 드리는 자리에서 가족들 앞에 무릎을 꿇었습니다. 그의 아내는 물론 초등학생인 큰아들과 딸, 다섯 살배기인 막내아들 모두 깜짝 놀라서 눈이 동그래졌습니다.

"오늘은 하나님께서 내가 남편으로서 또 아빠로서 지금까지 가족들에게 잘못한 걸 생각나게 해주셨어. 그동안 내가 상처 주는 말도 많이 하고, 내 마음대로 함부로 하고, 바깥에서 안 좋은 일 있으면 집에 와서 막 화내고 했던 일, 정말 미안해."

그런 다음 무릎을 꿇은 채 아내부터 막내아들까지 한 명씩 손을 잡고 각각의 식구들에게 잘못한 것을 낱낱이 말하며 용서를 구했습니다. 그가 마주잡은 손에 눈물을 떨어뜨리며 전심으로 회개하자 가족 모두 울음을 터뜨려 거실이 울음바다가 되었다고 합니다. 그의 아내도 울먹이면서 말했습니다.

"아니야, 내가 더 미안해요. 나도 당신한테 잘못한 게 많아요."

초등학생인 큰아들과 딸도 펑펑 울면서 말했습니다.

"아빠, 울지 마세요. 이제 다 괜찮아요. 아빠, 사랑해요."

막내아들까지 울음 섞인 귀여운 목소리로 제법 늠름하게 말했다고 합니다.

"나는 별로 상처 받은 거 없었으니까 괜찮아요. 그리고 내가 아빠, 용서해줄게요."

여 대표와 그의 가족은 그날 밤 평소보다 오랫동안 가정예배를 드리며 그간 한 번도 나누지 못했던 이야기와 잘못한 일을 하나님 앞에 회개하고 서로 용서하는 시간을 가졌습니다.

회개의 가정예배 이후 그의 가정에 하나님의 기름부으심이 흐르자 여 대표는 물론 그의 아내의 기도가 깊어지고 은사가 나타나기 시작했습니다. 아이들 역시 더 밝은 마음으로 하나님과 부모를 사랑하게 되었다고 하니, 한 사람의 가장이 마음으로 회개하고 하나님께 순종했을 때 하나님이 부어주시는 기름부으심의 역사가 얼마나 놀라운지 모릅니다.

여 대표는 가정예배 시간에 회개한 아빠를 두고 큰아들이 한 말에 눈물을 찔끔 흘렸다고 고백했습니다. 그 말을 떠올리면 지금도 그때의 감동이 살아나는 것 같다고 기뻐합니다.

"아빠, 성령님 만나더니, 많이 착해졌어."

기름부으심을 구하는 훈련

기름부으심이 넘치는 성령충만한 삶을 살려면 성령님의 임재에 계속 젖어야 합니다. 그 안에서 하나님과 친밀한 교제를 나누어야 합니다. 실제로 내가 경험한 바로는 기름부으심을 구하는 훈련에는 대략 네 가지가 있습니다. 첫째, 비움, 둘째, 채움, 셋째, 나눔, 넷째, 드림입니다. 물론 이러한 방식은 그간 나의 경험을 통해서 얻어진 것이며, 이것만이 전부라고 말할 수는 없습니다. 그러나 하나님께서 지금까지 나를 인도하셨던 방식임에는 틀림이 없습니다.

모든 사역의 근본이자 결국에 가장 중요한 것은 비움입니다. 내 안에 들러붙어 있는 쓰레기들인 상처와 묶임들을 회개와 용서로 깨끗이 씻어내야 깨끗해진 그곳에 하나님의 영광이 임하며, 그 결과로 기름부으심이 나타납니다. 여 대표의 경우가 대표적인 사례라고 할 수 있습니다. 하나님의 영광의 통로가 되고 하나님이 쓰실 수 있는 그릇이 되도록 우리는 이 기도를 날마다 드려야 합니다. 비움 기도의 구체적인 내용은 회개와 용서, 내면의 상처와 쓴 뿌리 제거, 악한 영의 축출, 자아와 죄의 죽음, 겸손과 온유입니다.

그런즉 사랑하는 자들아 이 약속을 가진 우리가 하나님을
두려워하는 가운데서 거룩함을 온전히 이루어 육과 영의

온갖 더러운 것에서 자신을 깨끗케 하자 _고후 7:1

회개할 수 있는 축복

값싼 구원이 아닌 진정으로 당신의 죄 때문에 예수님이 죽으시고 부활하셨다는 것을 진실로 믿고 예수님을 자신의 주인님으로 인정하는 생명 얻는 회개를 통해 거듭났다면 비움 기도로 날마다 자신을 비워내십시오. 우리는 가장 먼저 회개 기도를 드려야 합니다. 내 안의 분노, 질투하는 마음, 또 누군가를 미워하거나 혈기를 부리는 죄 또는 고범죄(故犯罪)가 있다면 그것을 날마다 회개해야 합니다. 하나님과의 사귐에서 회개는 필수 요소입니다.

그러므로 예물을 제단에 드리다가 거기서 네 형제에게 원망 들을 만한 일이 있는 줄 생각나거든 예물을 제단 앞에 두고 먼저 가서 형제와 화목하고 그 후에 와서 예물을 드리라 _마 5:23,24

회개라는 뜻의 본질적인 의미를 나타낸 구절 중 하나가 로마서 12장 2절입니다. '회개'는 헬라어로 '메타노이아'(metanoia)라고 쓰는데 이것은 "변화를 받는다", "본래 상태로 돌아가다"라는 뜻입니다.

너희는 이 세대를 본받지 말고 오직 마음을 새롭게 함으로
변화를 받아 하나님의 선하시고 기뻐하시고 온전하신 뜻이
무엇인지 분별하도록 하라 _롬 12:2

그리스도인에게 가장 놀라운 일이 무엇이냐고 묻는다면 나는
회개할 수 있다는 것이라고 답하고 싶습니다. 회개함으로써 새롭
게 될 수 있기 때문입니다. 사실 많은 사람들이 회개는 어쩔 수 없
는 상황일 때, 궁지에 몰려 더 이상 갈 곳이 없을 때 하는 것이라
고 잘못 생각하는데 회개할 수 있다는 것은 축복이자 특권입니다.
회개할 수 있기 때문에 우리는 날마다 거룩해질 수 있습니다. 회
개를 두려워하지 마십시오. 회개는 축복입니다.

자신이 주인인 사람, 자기자아가 주인인 사람에게 회개는 정
말 갈 데까지 가고 피할 데까지 피하다 마지막으로 하는 것입니
다. 하지만 거듭났고 구원 받았고 자기가 죽은 진정한 그리스도인
에게 회개는 전혀 다릅니다. 예수님이 사시는 곳에 죽은 자아가
벌떡벌떡 일어난다면 그래서 죄를 짓게 된다면, 그때는 빨리 빨리
회개하는 것이 상책입니다.

한편으로 회개는 자기 잘못을 인정하는 것이므로 우리가 회
개하면 기분이 좋지 않을 거라고 생각하는데 그것은 착각입니다.
회개가 어렵고 우울하고 부정적인 경험이라는 이해는 비성경적

인 견해입니다. 사실은 회개하지 않기 때문에 기분이 나쁜 것이지 회개하면 기분이 좋아집니다. 자유함을 얻을 수 있습니다.

만일 우리가 우리 죄를 자백하면 저는 미쁘시고 의로우사
우리 죄를 사하시며 모든 불의에서 우리를 깨끗케 하실 것
이요 _요일 1:9

회개는 단지 일회성이 아니다

많은 사람들은 회개는 구원을 얻을 때 자신이 죄인임을 고백하고 주(主)는 그리스도시요 살아 계신 하나님의 아들이심을 고백하는 정도가 회개의 전부인 줄 아는데 그렇지 않습니다.

물론 성경은 구원에 이르는 회개, 생명 얻는 회개에 대해 소개합니다만 더 나아가 우리의 삶은 날마다 회개(자백)하는 삶이 되어야 합니다. 회개는 하나님이 주신 귀중한 특권이자 기름부으심을 받는 매우 중요한 관문입니다.

자신이 누구인지 알고 예수 그리스도의 십자가가 자신 안에 있고 하나님의 영광이 나를 통해서 나타난다는 것을 확고히 믿는 사람은 회개를 통해 자유함을 얻습니다. 회개는 우리의 인격과 자유를 넓혀주지 사라지게 하는 것이 아닙니다. 회개는 하나님의 엄청난 하늘 왕국의 문을 여는 열쇠입니다.

이제 우리는 좀 더 적극적으로 회개해야 합니다. 이 세상을 본받지 말고 마음을 새롭게 함으로 변화를 받아 죄를 짓고 안 짓는 데 묶이지 않을 뿐만 아니라 지금까지 자신이 경험한 감정, 자기 사고방식의 틀, 자신의 신념체계로 이 세상을 바라보고 이 세상을 평가하고 이 세상을 판단한 일을 회개해야 합니다. 오직 하나님의 말씀만이 진리이며 그 말씀에 기초해서 이 세상을 다시 바라보도록 매일매일 회개하고 새롭게 되어야 합니다. 그만큼 하나님의 기름부으심이 흘러듭니다.

가장 근본적인 회개는 우리의 사고방식이 바뀌는 것입니다. 이제 우리는 옛날처럼 옛 사람이 아니라 새 사람입니다. 우리는 하나님나라의 백성이고 하나님의 자녀입니다. 그러니까 이제 그분이 말씀하시는 대로 생각하고 그분이 말씀하시는 대로 느끼고 그분이 말씀하시는 대로 행동하는 것을 배워야 합니다. 하나님의 말씀에 기초해서 응답하지 못한 것을 회개해야 합니다. 그럴 때 그 믿음으로 나아가는 만큼 하나님의 기름부으심이 우리를 통해 흐릅니다. 그때 과거의 내 삶이 결코 나를 붙들지 못합니다.

내가 지은 죄와 실수와 잘못에 대해 한탄하는 것이 아니라 하나님이 약속하신 것을 이루지 못한 일에 대해 안타까워하고 한탄하고 회개하십시오. 내가 주인이 아니기 때문에, 내 안에 예수 그리스도가 계시기 때문에, 처음부터 내 삶은 승리가 결정되어 있습니다. 예수님이 이미 다 이루셨기 때문에 내가 취하는 믿음만큼 차지할 수 있는데도 그러지 못한 것을 안타까워하는 회개가 우리 안에 날마다 있어야 합니다.

내면의 상처와 쓴뿌리를 뽑아내라

자기 내면의 상처와 쓴뿌리를 제거하십시오. 이 세상을 살아오면서 상처가 없는 사람이 어디 있겠습니까? 상처가 없다는 것은 죄가 없다는 말과 동일합니다. 그만큼 우리 안에는 다 크고 작은 상처가 있고 쓴뿌리가 있습니다. 그러나 우리 안에 천부(天父)께서 심지 않으신 것들은 다 뽑아 불태워야 합니다. 상처와 쓴뿌리를 찾아냈다면 반드시 입술을 열어서 선포하십시오.

우리가 가진 내면의 상처나 쓴뿌리들은 대부분 어렸을 때, 무의식적으로 또는 의식적으로 만들어진 것으로, 성장하면서 그 문제를 해결하지 못하고 자물쇠를 채워놓거나 문을 굳게 닫아놓는 경우가 많습니다. 그래서 그 안은 어둡고 습기 차고 냄새나는 곳이 되었지만 정작 자신은 그 사실을 망각한 채 살아갑니다. 그러나 옛날과 유사한 어떤 상황에 직면하게 될 때는 내면의 상처와 쓴뿌리들이 그 안에서 터져 나오고 맙니다.

우리는 과거를 기억하더라도 그 과거로 돌아갈 수는 없습니다. 하지만 예수님은 과거로 돌아가실 수 있는 분입니다. 시공간을 초월하여 역사하시는 분입니다. '주님! 저에게 보여주시고 생각나게 해주세요. 지금 이런 문제의 뿌리가 어디서부터 생겨난 것입니까?'라고 기도해보십시오.

그런데 그런 기도로도 문제에 접근하지 못하는 경우가 많습니다. 왜냐하면 첫 번째는 자신의 내면에 무엇이 있는지 자신도 모르기 때문에 두렵고, 두 번째는 과거의 상처와 쓴뿌리의 기억들은 직면하기에 너무 두렵고 고통스럽기 때문입니다. 예를 들어서 어떤 자매가 어릴 때 성적(性的) 학대를 받았다고 합시다. 그래서 지금도 결혼을 거부하고 남자는 다 나쁜 놈이라는 쓴뿌리로 가득 차 있다면, 그 사람이 그 옛날로 돌아가 다시 그 상황에 직면하려고 하겠습니까?

그런데 기도하다가 성령님께서 친히 그 장소 그 상황을 보여주시고 거기서 만나주실 때가 있습니다. 죽을 것만 같은 그 상황에서 예수님이 함께해주시는 것입니다. 그 시간, 그 장소 그 일이 일어났던 곳에서 자신의 상한 마음과 원통함, 자기 안에서 터져 나오는 대로 예수님 앞에 모두 드러내면 예수님께서 내가 그 문제를 바라보는 관점이 아니라 예수님이 그 일을 어떻게 보시는지 말씀해주십니다. 예수님께서 "그것은 네 잘못이 아니다. 내가 너를 사랑한다"라고 말씀하실 때 그 말씀을 듣는 순간 자신의 상처에 예수님의 말씀을 채우는 것입니다.

상처와 쓴뿌리들을 땅 속에서 고구마 줄기 뽑듯이 그리스도의 이름으로 빼내어 깨끗이 비우시기 바랍니다. 비워야 채울 수 있습니다.

기름부음을 구하는 숨은 동기를 점검하라

그러면 당신이 하나님의 기름부으심을 구하는 목적은 무엇입니까? 진정으로 하나님의 기름부으심을 통해 이 세상에 하나님나라를 이루는 것이 목적입니까? 하나님 앞에 동기가 바르지 못하다면 기름부으심은 독(毒)이 됩니다.

> 주께서 가라사대 이 백성이 입으로는 나를 가까이하며 입술로는 나를 존경하나 그 마음은 내게서 멀리 떠났나니 그들이 나를 경외함은 사람의 계명으로 가르침을 받았을 뿐이라⋯ 화 있을진저 자기의 도모를 여호와께 깊이 숨기려 하는 자여 그 일을 어두운 데서 행하며 이르기를 누가 우리를 보랴 누가 우리를 알랴 하니 _사 29:13,15

당신의 마음이 이 땅에 하나님나라를 이루기 위해 오직 하나님의 영광 안에서 쓰임 받기 원하는 마음으로 가득하다면, 당신이 기름부음을 사모하는 만큼 기름부음을 받을 때까지 끈질기게 구하는 것은 당신이 성장할 수 있는 크나큰 비밀이 될 것입니다.

하지만 세상에서는 보잘것없지만 열심히 기도해서 어떻게든 능력을 받아 다른 사람들 앞에서 보란 듯이 나타내 보이리라 하는 잘못된 동기로 출발했다면 그 교만한 마음과 치유되지 못한 상처를 타고 여전히 악한 영이 그 사람을 묶을 것입니다. 하나님의 다스림을 받아 성령의 열매를 맺는 삶 없이 단지 능력의 기름부음만 추구하게 되면 그 사람에게 기름부음은 독이 되고 결국 그 사람의 형편은 더욱 어려워지게 될 것입니다.

돈으로 살 수 없는 기름부음

자기과시적인 동기에서 돈으로 기름부음을 사려다가 책망을 들은 마술사 시몬의 경우를 한번 살펴봅시다.

그 성에 시몬이라 하는 사람이 전부터 있어 마술을 행하여 사마리아 백성을 놀라게 하며 자칭 큰 자라 하니… 시몬이 사도들의 안수함으로 성령 받는 것을 보고 돈을 드려 가로되 이 권능을 내게도 주어 누구든지 내가 안수하는 사람은 성령을 받게 하여주소서 하니 베드로가 가로되 네가 하나님의 선물을 돈 주고 살 줄로 생각하였으니 네 은과 네가 함께 망할지어다 '하나님 앞에서 네 마음이 바르지 못하

니' 이 도(道)에는 네가 관계도 없고 분깃 될 것도 없느니라

_행 8:9-21

이렇게 대중 앞에서 자기과시적인 동기, 즉 "하나님 앞에서 바르지 못한 마음"으로 기름부음을 구할 시에는 하나님의 징계를 받는 것입니다. 사람들 앞에서 능력 있다고 인정받고 싶은 마음에서 기름부음을 사모하는 자, 하나님 앞에서 바르지 못한 마음의 동기를 가진 자에게 하나님은 오늘도 진노하십니다. 당신은 왜 기름부음을 사모하십니까? 당신은 그 기름부음을 어디에 쓰려고 하는 것입니까? 자아실현을 위해 기름부음을 구하는 자에게는 시몬의 경우처럼 오늘도 하나님의 화(禍)가 임할 것입니다.

게다가 시몬의 경우가 더욱 좋지 못한 것은, 그가 하나님의 거룩한 기름부음을 돈으로 사려고 했다는 것입니다. 이 시몬의 이름에서 파생된 영어 단어가 하나 있는데, 그것은 "성직매매"를 뜻하는 'Simony'입니다. 마술사 시몬은 기름부음을 돈으로 사려고 했던 자로서의 악명을 만대(萬代)에 떨치게 된 것입니다. 오늘 우리는 돈으로 안수를 받으려 해서도 안 되고, 돈 받고 안수를 해주는 사역자가 되어서도 안 됩니다. 이 모두는 하나님의 징계를 자초하는 일입니다.

하나님나라의 건설과 확장을 위한 기름부으심

하나님께서 기름부음을 통해 우리에게 각종 은사를 주신 큰 목적이 무엇입니까?

각 사람에게 성령의 나타남을 주심은 유익하게 하려 하심이라… 이 모든 일은 같은 한 성령이 행하사 그 뜻대로 각 사람에게 나눠주시느니라 _고전 12:7,11

몸 가운데서 분쟁이 없고 오직 여러 지체가 서로 같이하여 돌아보게 하셨으니 만일 한 지체가 고통을 받으면 모든 지체도 함께 고통을 받고 한 지체가 영광을 얻으면 모든 지체도 함께 즐거워하나니… 너희는 더욱 큰 은사를 사모하라 내가 또한 제일 좋은 길을 너희에게 보이리라

_고전 12:25,26,31

하나님께서 우리에게 각종 은사를 주신 목적은 교인들 상호간에 '서로 돌아보고 섬기게' 하기 위해서이며 그 기름부으심으로, 그 권능으로, 땅끝까지 주님의 복음을 증거하는 증인의 삶을 살라고 하신 것입니다.

오직 성령이 너희에게 임하시면 너희가 권능을 받고 예루
살렘과 온 유대와 사마리아와 땅 끝까지 이르러 내 증인이
되리라 하시니라 _행 1:8

나의 자아를 실현하고 과시하기 위한 목적은 그 어디에도 없
습니다. 은사를 받은 목적은 서로 돌아보고 섬겨 하나님나라를 확
장하기 위해서입니다. 자아가 높아지기 위한 기름부음은 하나님
나라에서 설 자리가 없습니다. 우리가 기름부음을 통해 서로를 돌
아보게 될 때에 결국은 내가 아니라 그리스도의 몸(교회)이 건실하
게 세워지게 되는 것입니다.

그가 혹은 사도로, 혹은 선지자로, 혹은 복음 전하는 자로,
혹은 목사와 교사로 주셨으니 이는 성도를 온전케 하며 봉
사의 일을 하게 하며 '그리스도의 몸(교회)을 세우려' 하심
이라 _엡 4:11,12

결국 기름부음은 '내 자아의 나라'가 아니라 '하나님의 나
라'를 세우는 데만 사용되어야 합니다. 내 나라는 쇠하고 하나님
의 나라는 흥하는 데 그 초점이 있는 것입니다. 우리가 이런 목적
으로 기름부으심을 사모해야 할 것입니다.

"오 영광의 하나님이시여, 거룩한 기름부으심을 통해 내 나라가 아니라 하나님의 나라가 이 땅에 임하시옵소서!"

자아의 죽음

우리가 뚫고 지나가야 할 영의 세계는 두려움의 세계이자 어두움의 세계이기도 합니다. 이 영의 세계에서는 예수 그리스도가 누구신지 알고 그분과 진정으로 연합한 자가 아니면 견디지 못합니다. 현재 자신이 어디에 서 있는지 영적 위치를 잘 파악하십시오. 온전치도 못한 사람이 은사와 능력만 추구하는 것은 대단히 위험합니다. 결국 자신의 치유 받지 못한 상처와 두려움 때문에 악한 영에게 묶이게 되기 때문입니다.

자신이 정말 새 사람인지, 죄의 문제가 분명히 해결되었는지, 성령님과 어떤 관계인지 명확히 자신을 규정할 수 있어야 합니다. 자신이 하나님의 의(義)라는 것을 목숨 걸고 지킬 수 있어야만 사탄이 와서 밀 까부르듯이 충동질해도 상관하지 않게 됩니다.

"나는 이미 죽었는걸. 마음대로 해봐! 내 안에는 그리스도만이 사셔. 따라서 네 상대자는 내가 아니라 예수님이야!"

내 자아가 살아서 아직도 내 문제에서 헤매고 있는 사람은 백발백중 넘어질 수밖에 없습니다. 기름부으심을 구하십니까? 당신이 하나님의 영광으로 가득 차기를 사모하십니까? 당신이 정말 하나님만을 위해 쓰임 받고자 하는지, 날마다 당신의 동기를 점검하기 바랍니다.

> 사람의 영혼은 여호와의 등불이라 사람의 깊은 속을 살피느니라 (The Lord's searchlight penetrates the human spirit, exposing every hidden motive) _잠 20:27

겸손과 온유를 위한 기도

낮아져야 합니다. 섬기는 자세로 늘 겸손하도록 구해야 합니다. 이 기도를 제대로 안하면, 조금의 기름부음만 임해도 당장 목에 힘이 들어가고 교만해지기 쉽습니다. 불쑥불쑥 올라오는 교만이 사탄의 올무가 되어 우리를 쓰러뜨리려고 할 것입니다.

우리는 마음이 온유하고 겸손하신 주님께 '주님, 저는 주님 없이 할 수 있는 일이 아무것도 없습니다. 제가 하는 가장 작은 일조차 주님이 제 안에 오셨기 때문에 하는 것이지, 제 능력으로 제 힘으로 하는 것이 아닙니다. 저는 주님을 섬기고 받드는 자입니다'라고 늘 기도해야 합니다.

나는 사역하는 동안에 일어난 일에 대해서는 의식적으로 철저히 하나님께 영광을 올려드림으로써, 내가 단지 깡통일 뿐임을 늘 고백합니다. 조금의 틈도 보이지 않으려고 합니다.

회개의 비움

당신의 내면의 상처와 쓴뿌리를 비우기 위해서 기도할 때 한 가지 꼭 명심해야 할 일이 있습니다. 그것은 단지 당신의 문제를 묵상하고 이해하는 것이 아니라 바로 당신 입술의 선포를 통해서 더러운 것이 나가도록 해야 한다는 것입니다.

내가 토설치 아니할 때에 종일 신음하므로 내 뼈가 쇠하였도다 _시 32:3

소리 내어 기도한다는 것은 첫 번째, 성령님이 들으시도록 하고, 두 번째 사탄이 듣도록 하고, 세 번째, 내 영이 듣도록 하는 것입니다. 예를 들면 당신의 입술을 통해 선포하는 것은 "다시는 네 종이 되지 않겠다. 이 더러운 사탄아! 나는 죄를 증오한다!"라고 사탄에게 대적하는 것입니다. 또한 성령님께는 "성령님, 제가 회개합니다. 잘못했습니다. 제가 다시는 이렇게 하지 않겠습니다"라고 자백하는 것이며, 자신의 영에게는 "너 정신 차려, 다시는 속지 마!" 이렇게 말하는 것입니다.

내 안에 있는 것을 회개하며 비우고자 할 때에는 정확한 우리말로 또박또박 회개하십시오. 따라서 이 기도를 할 때 친한 사람끼리 앉을 필요가 없습니다. 옆 사람한테 부대끼지 않도록 서로 멀찌감치 떨어져서 오직 하나님 앞에 마음을 토하십시오. 내 안에 있는 죄를 고백하며 회개할 때는 되도록 혼자 골방에서 하나님과 독대(獨對)하는 것이 좋습니다. 부부간에도 떨어져서 기도하는 것이 좋습니다. 하나님 앞에 완전히 토해내야 합니다. 당신 마음에 있는 죄책감, 죄의식, 정죄감 뿐만 아니라 죄로 인한 감정까지도 토해내야 합니다.

> 백성들아 시시로 저를 의지하고 그 앞에 마음을 토하라 하나님은 우리의 피난처시로다 _시 62:8

집회 때에 회개 기도를 하라고 하면, 상상 외로 묵상하는 사람들이 많습니다. 지긋이 눈을 감고 자신의 문제를 생각하고 후회합니다. 심지어 심한 자책감으로 계속 눈물만 흘립니다. 그러나 후회는 회개가 아닙니다. 하나님이 원하시는 것은 회개이지 후회가 아닙니다. 사탄은 당신이 단지 후회만 하기를 원합니다. 따라서 당신이 입을 열어 회개하지 않는다면 그것은 사탄이 여전히 당신에게 영향력을 미치고 있다는 징표이기도 합니다.

하나님 앞에 자신의 더러운 죄들을 다 토해내고 눈물 흘리며 진심으로 회개할 때 당신의 기름부음의 통로가 서서히 열리기 시작할 것입니다.

용서하지 못하는 죄가 기름부으심을 막는다

기름부음을 구하는 훈련 비움 ❷

미움의 쓴뿌리를 뽑았어요!

나는 주님의 사랑으로 아버지를 용서했을 때 기름부으심이 흘러 놀라운 치유를 경험하고, 지난 10월 집회에 나와 간증했던 한 자매를 기억하고 있습니다.

그 자매님은 12년이나 류머티즘성관절염으로 고생했다고 했습니다. 수치가 40이 정상인데 200까지 올라가면 그야말로 호흡하기도 어렵다고 합니다. 관절에 염증이 심해지면 정말 손톱으로 벽을 긁고 눈물을 흘리며 아픔을 참았다고 하니 참으로 그 고통이 나에게도 전해지는 것만 같았습니다.

그런데 월요말씀치유 집회에 참석하고 미움의 뿌리를 뽑으면 병이 낫는데 류머티즘성관절염이 그 대표적인 병이라는 나의 이야기를 듣고 깜짝 놀랐다고 합니다. 그래서 자매님은 기도하면서 자신이 누구를 미워했는지 떠올려보았고 자신도 모르게 부모님이 심하게 부부싸움 하는 장면이 사진처럼 떠올랐다는 것입니다. 자매님의 친정아버지는 술을 드시고 오는 날이면 가족들을 괴롭혔고 특히 자매님의 어머니에게 심한 욕설과 폭력을 행사하여 온 집안을 공포에 떨게 만들었습니다.

그 장면이 떠오르자 자매님은 온 몸이 떨려왔고 너무나 무서워서 울며 하나님께 간절히 기도했다고 합니다. 아버지를 용서하라고 하시는 주님의 마음이 전해졌지만 자매님은 도저히 용서되지 않는다고 몸서리치며 계속 울었습니다. 더 이상 견딜 수 없어서 "주님, 도와주세요"라고 간절히 구하자마자 자매님의 머리 위로 따뜻한 주님의 사랑이 폭포수처럼 쏟아져 내리는 것을 느낄 수 있었다고 합니다. 자신이 용서하는 것이 아니라 주님의 사랑으로 아버지를 용서하자 정말 오랜 시간 깊은 곳에 뿌리 박혀 있던 미움이라는 쓴뿌리가 뽑힌 것입니다.

그러자 그 자매님에게 평안이 찾아왔고 관절염으로 부어 있던 발도 편해졌습니다. 집회에 다녀온 다음에도 매일 먹는 약을 먹지 않고 믿음으로 선포하고 있다는 자매님은 마지막으로 주님을 영접하지 않은 부모님을 위해 기도하겠다는 말로 간증을 마쳤습니다. 그렇습니다. 미워하던 마음을 용서하고 진정으로 회개하면 그 안에 하나님의 사랑의 기름부으심이 흘러들어와 그것만으로도 놀랍게 치유가 일어나기도 합니다.

용서하지 못하는 것은 죄의 문제다

흔히 용서하라고 하면 많은 사람들이 지금이 아니라 마음이 돌아서면 그때 용서하겠다고 이야기합니다. 하지만 용서는 감정의 문제가 아니라 죄의 문제입니다. 용서는 위선이나 가식이 아니라 순종입니다. 용서하지 못하는 것은 하나님의 관점에서 분명히 죄의 문제입니다. 용서한다는 것은 내가 그 사람에 대해 처리할 권한을 하나님께 드린다는 뜻입니다. 그러면 나는 그로부터 자유함을 얻습니다.

한번은 어느 나라에서 사역하는 선교사의 사모를 일대일 카운슬링 하던 중 사모로부터 놀라운 고백을 들었습니다. 자신이 그 나라에 선교사로 와서 선교사역을 하지만 그 나라 사람들이 밉다는 것이었습니다. 그 나라를 사랑하고 그 나라를 품었기 때문에 어렵게 선교사로 왔는데, 자신도 도저히 이해할 수 없지만 그 나라 사람들이 너무 싫어서 괴롭다는 것입니다. 선교사 사모로서 남편에게 말할 수도 없고 어찌할지 모르겠다는 고백을 듣자 나 역시 처음 듣는 케이스에 당황하여 식은땀이 흐르기 시작했습니다.

'주님! 이런 문제는 도대체 어떻게 해결해야 합니까? 주님, 말씀해주옵소서! 말씀해주옵소서!'

그 순간 내 마음 가운데 주님이 주신 한마디가 솟구쳤습니다.

"사모님, 혹시 여기 오기 전에 이 나라 사람과 사업한 적이 있습니까?"

그러자 그 사모님이 소스라치게 놀랐습니다. 듣고 보니 선교사가 되기 전, 이 땅에 건너오기 10년 전에 이 나라 사람과 거래를 했는데 그 사람이 엄청난 돈을 떼어먹었다는 것입니다. 그 뒤 그 일을 잊고 선교사가 되었고 이 나라를 사랑하고자 했지만 그때 그 분노와 미움이 깊이 내재되어 갈고리처럼 자리 잡고 있었던 것입니다.

사모님은 대성통곡을 하며 그 사람을 용서하지 못한 자신의 죄를 회개했습니다. 그 사람을 미워했고 증오했고 용서하지 못했기 때문에 그 분은 선교사로 지낸 수년을 고통 가운데 보낸 것입니다. 남편에게도 말 못하고 왜 그런지도 모르고 아무에게도 말 못하고, 밤낮으로 해결되지 않는 자신의 문제를 놓고 부르짖은 것입니다. 하나님과의 관계에서 큰 걸림돌이 되는 것이 바로 용서하지 못하는 죄입니다.

용서하지 못하는 죄의 악순환

누군가를 미워하고 용서하지 못하는 경우는 그가 나에게 나쁜 짓을 했거나 어떤 해를 입혔거나 온당치 못한 일을 했기 때문입니다. 그렇기 때문에 마음속으로 그 사람을 용서하지 못하고 비판하고 정죄할 때 내 마음에 품게 되는 것이 바로 내가 잘났다는 생각입니다.

'내가 이렇게 된 것은 다 저 인간 때문이다. 저 사람 때문에 내 처지가 이렇고 내 형편이 이렇게 안 좋아졌는데 어떻게 용서할 수 있느냐?' 이 말을 거꾸로 하면 '나는 본래 이런 사람이 아닌데 저 사람 때문에 이렇게 됐다! 그러니까 내가 저 사람을 미워하는 건 당연하다'는 것입니다. 그런데 자꾸 미워하다보면 그 사람을 미워하는 것으로 그 자신의 존재 가치를 결정하는 일이 벌어집니다. 자기가 점점 못 나갈수록 모든 것을 그 사람 탓으로 돌림으로써 자기는 스스로 괜찮은 사람으로 생각합니다. 나는 그런 사람이 아닌데 저 인간 때문이라고 생각하고 계속 미워하고 정죄합니다. 그러면서 결국 그도 똑같은 사람이 되어갑니다.

그러므로 남을 판단하는 사람아 무론 누구든지 네가 핑계치 못할 것은 남을 판단하는 것으로 네가 너를 정죄함이니 판단하는 네가 같은 일을 행함이니라 _롬 2:1

더욱이 당신에게 해를 끼친 그 나쁜 인간, 당신이 용서하지 못한 그 사람은 하루 24시간 중에 당신을 한 번도 생각하지 않고 잠도 잘 자고 밥도 잘 먹습니다. 그런데 당신은 눈만 감으면 그 사람이 생각나고, 자리에 누우면 천장에 그 얼굴이 보이고, 그와 비슷한 얼굴만 봐도 가슴이 두근거리고 분노가 치솟고 입에서 욕이 나옵니다. 그것이 바로 영적으로 묶여 있다는 증거입니다.

당신이 용서하지 못하는 데는 분명히 이유가 있지만 영적으로 봤을 때는 당신이 그 사람에게 묶여 있다는 것입니다. 만약 영적 상태를 찍을 수 있는 사진기가 있어서 사진을 찍어본다면, 용서하지 못하는 당신은 쇠사슬에 묶여 있고 당신이 용서하지 못하는 그 사람이 당신을 질질 끌고 다닐 것입니다. 그 사람은 아무렇지도 않습니다.

당신이 그렇게 묶여 있는 한 당신은 하나님과 연결될 수가 없습니다. 죄가 있는 곳에 하나님이 함께하실 수 없기 때문입니다. 이 묶인 것이 끊어져야만 죄의 문제가 사라지고, 죄의 문제가 사라져야 하나님과의 통로가 열립니다. 어떤 병은 누군가를 미워하고 용서하지 못하는 데서 자유하기만 해도 치유됩니다.

하나님을 잃어버리지 않는 마음

하나님의 기름부으심을 흘려보내고 하나님의 일을 하기 원하십니까? 반드시 용서하고 자유하십시오. 용서는 그 사람이 잘못했는데 내가 봐주는 게 아닙니다. 이해해주는 것도 아닙니다. 인간이라면 세상적으로 용서할 수 없습니다. 하지만 우리가 그리스도인이라면 넉넉히 용서할 수 있습니다. 왜냐하면 우리가 이미 크나큰 용서를 받았고, 그 사람을 용서하지 못하면 하나님의 용서와 사랑을 맛볼 수 없기 때문입니다.

하나님의 사랑이 뭔지 맛본 사람만이 용서할 수 있습니다. 왜냐하면 그 사람에게 미움을 가지기 시작하면 그 때로부터 하나님과의 생명이 끊기기 시작하고 하나님의 계시가 끊기기 시작하고 하나님과의 친밀함이 끊기기 때문입니다.

> 누구든지 하나님을 사랑하노라 하고 그 형제를 미워하면
> 이는 거짓말하는 자니 보는 바 그 형제를 사랑치 아니하는
> 자가 보지 못하는 바 하나님을 사랑할 수가 없느니라
>
> _요일 4:20

하나님의 사랑을 맛보지 못하고 하나님과의 관계에서 끊어지고 하나님과의 친밀함이 사라진다면 우리는 존재의 의미가 없어집니다. 왜냐하면 이 땅에서 할 수 있는 일이 아무것도 없고, 이 땅에서 하는 일마다 죄 짓는 일이기 때문에 그렇습니다. 다른 사

람을 용서하지 못해서 하나님과의 관계가 끊어지느니 용서하는 것이 훨씬 더 가치 있는 일이기 때문에 우리는 얼마든지 용서할 수 있습니다.

용서하지 않는 마음은 영적 전쟁터에서 하나님을 향한 마음을 잃어버리게 만듭니다. 상대방을 저주하는 마음, 분노의 마음으로 가득 차서 엄청난 에너지를 허비하며 죄를 짓기 때문에 하나님과 올바른 교제를 할 수 없습니다. 용서하지 않는 사람들은 일반적으로 고독합니다. 율법적이고 성미가 급하고 분개하고 자기방어적이고 두려워하고 기쁨이 없고 영적으로 메말라 있고 의사소통이 어렵고 비판적이고 내적 분노가 많고 독선적이고 친밀감도 결핍되어 있습니다. 위기대처에 무능력하고 태도도 부정적입니다. 하나님과의 관계가 끊어지기 때문에 기도생활도 막힙니다.

용서하지 않는다는 것은 이렇게 비통한 속박을 유지한다는 것이며 계속해서 상대에게 묶여 있는 것을 뜻합니다. 그러나 용서는 죄수를 해방시켜줍니다. 그 죄수가 바로 자신이라는 것을 알려줍니다.

용서하지 않는 것은 마치 쥐약은 자기가 먹고 상대가 죽기를 기다리는 것과 같습니다. 그러면 상대방은 안 죽고 자기가 죽습니다. 뱀에게 물렸으면 가장 먼저 뱀독부터 뽑아내야 합니다. 그런데 뱀 잡으러 다니는 격입니다. 결국 용서한다는 것은 나는 이미 십자가로 죽었기 때문에 모든 판단을 하나님께 맡기는 것입니다.

"약한 자는 결코 용서할 수 없다. 용서하는 마음은 강한 자만이 가질 수 있는 특성이다."

이것은 마하트마 간디가 한 말로 진리의 하나님의 말씀과 일치합니다. 용서하지 못하는 것은 영적으로 볼 때 상대방에게 묶이는 것이며 자신의 심령에 독을 퍼트리는 일입니다.

용서하지 않으면 하나님이 나를 용서해주셨다는 것을 체험할 수 없습니다. 성령님께서는 용서하지 못하는 쓴 마음 안에서 역사하실 수 없습니다. 상대방과 나의 관계가 아니라 나와 하나님과의 관계를 먼저 생각하십시오. 사람을 판단하지 말고 하나님께 그 처리를 맡기십시오. 그러면 하나님이 만져주십니다.

내 사랑하는 자들아 너희가 친히 원수를 갚지 말고 진노하심에 맡기라 기록되었으되 원수 갚는 것이 내게 있으니 내가 갚으리라고 주께서 말씀하시니라 _롬 12:19

내가 주인이 아닌 이상 내가 할 수 있는 모든 권리를 포기하고 그 권리를 하나님께 양도하는 것이 용서입니다. 자신에게 악을 행한 사람을 자신이 심판하고 복수하려는 권리도 하나님께 맡기는 것입니다. 그래야 당신이 살고 당신이 자유함을 얻습니다.

아버지를 용서하라

많은 사람들이 육신의 부모로부터 상처를 받습니다. 특별히 부모를 용서하지 못해서 기름부음이 막히고 힘들어 하는 분들을 많이 보게 됩니다. 육신의 부모를 용서하되 특별히 아버지를 용서하시기 바랍니다. 우리나라처럼 가부장적이고 유교적인 가정에서 나고 자란 우리가 하나님을 알고 하나님의 사랑을 알고 난 뒤 보면 자신의 아버지가 다 역기능 가정의 출신이고, 우리를 사랑한다고 했지만 하나님의 방식이 아닌 자기 방식대로 사랑했다는 것을 알게 됩니다. 그렇기 때문에 많은 경우 우리 안에는 아버지와의 관계에 상처가 있습니다.

그런데 그 아버지와의 관계에서 온전히 자유함을 얻지 못하면 하나님과의 관계에도 먼지가 끼게 되어 온전한 관계를 갖지 못합니다. 대개 육신의 아버지로부터 사랑 받지 못한 사람은 하나님 아버지로부터 사랑 받는다는 것이 무엇인지를 모릅니다.

물론 하나님은 우리 아버지이시고 사랑의 하나님이시라는 것을 머리로는 압니다. 하지만 우리가 느끼고 경험해야 하는 아버지는 지금 당신이 느끼거나 알고 있는 아버지가 아닙니다. 어릴 때 울고 있는 당신을 품에 감싸 안아주시는 따뜻한 아버지를 느껴야 합니다. 온 몸으로 느껴야 합니다. 그럴 때 지금 당신의 외면적인 자아와 내면적인 자아가 하나가 되어가기 시작합니다.

우리에게 고통을 주었고 어려움을 안겨주었더라도 그 아버지를 용서하십시오. 당신 주위에 가장 가까운 사람들을 용서하십시오. 당신의 남편과 아내를 용서해야 합니다. 용서는 하나님의 명령입니다. 용서를 느낌이나 감정으로 생각하지 마십시오. 먼저 상대가 회개하면 용서하리라 생각하지 마십시오. 하나님이 우리를 어떻게 용서하셨는지 기억하십시오.

하나님이 나를 어떻게 용서하셨나!

주인이 일만 달란트 빚진 종의 빚을 탕감해주었습니다. 그 빚을 탕감 받은 사람이 자기에게 일백 데나리온 빚진 동관(同官) 하나를 붙들어 목을 잡고 돈을 갚으라 하고 끝내 그를 옥에 가두었습니다. 이 사실을 안 주인이 종을 불러다가 말했습니다.

악한 종아 네가 빌기에 내가 네 빚을 전부 탕감하여주었거늘 내가 너를 불쌍히 여김과 같이 너도 네 동관을 불쌍히 여김이 마땅치 아니하냐 하고 주인이 노하여 그 빚을 다 갚도록 저를 옥졸들에게 붙이니라 너희가 각각 중심으로 형제를 용서하지 아니하면 내 천부께서도 너희에게 이와 같이 하시리라 _마 18:32-35

이 비유는 하나님께서 우리를 용서하신 것처럼 우리도 다른 사람을 용서하라는 뜻입니다. 그러면 우리가 다른 사람을 용서하지 못한다는 것은, 다른 의미로 하나님이 나를 용서하신 것을 제대로 이해하지 못한다는 말이 됩니다. 그렇다면 올바른 이해를 위해 종과 동관의 부채액을 비교해보는 것이 필요합니다. 그러면 용서하지 못하는 자가 왜 용서받지 못하는지 실감해볼 수 있을 것입니다.

한 데나리온은 당시 노동자의 하루 품삯이며 한 달란트는 약 6천 데나리온에 상당하는 금액에 해당합니다. 이렇게 동관이 종에게 진 빚과 종이 주인에게 진 빚은 도저히 비교할 수 없는 차이가 있습니다. 이처럼 하나님께서 우리가 그분께 진 큰 빚을 탕감해주셨다면 우리도 이웃이 우리에게 진 빚을 탕감하고 용서해주어야 한다는 것입니다.

용서의 대상이 있으면 찾아가서 용서하십시오. 그리고 또 용서를 받고, 용서를 구하시기 바랍니다.

자기 용서를 경험하라

무엇보다 우리는 자신을 용서할 줄 알아야 합니다. 많은 사람들이 자기 자신을 용서하지 못합니다. 그런데 그것은 자기가 주인이라는 뜻입니다. 우리는 주인이 아닙니다. 우리 안에 예수 그리스도께서 사십니다. 하나님께서 우리를 용서해주셨습니다. 다른 사람까지 용서하도록 하나님이 우리를 용서해주셨는데 자신이 자신을 용서하지 못한다면 그만큼 어리석은 삶은 없습니다. 당신이 지은 죄와 잘못을 하나님의 독생자의 목숨을 맞바꿔서 용서해 주셨건만 당신이 자신을 용서하지 못한다면 그런 교만이 없는 것입니다.

내가 구원받은 것, 내가 죄 사함을 받을 것을 생각해보십시오. 얼마나 놀랍습니까? 내가 이런 축복을 받고 살 수 있다니 얼마나 감사한 일입니까? 당신의 지난 과거를 한번 생각해보십시오. 자신이 얼마를 탕감 받았는지 얼마만큼 용서받았는지 생각해보면 당신이 당신을 용서하지 못할 이유가 없습니다.

진심으로 용서하는 것이 쉬운 일은 절대 아닙니다. 내가 당한 수모와 수치, 억울함, 증오심 등은 내 온 몸에 퍼져 있는 독입니다. 그 감정의 독을 뽑아내야 합니다. 감정을 토해내야 진정으로 용서할 수 있고, 내 몸에서 뭔가 떠나간 것같이 가벼워지는 느낌, 자유함, 행복감을 느낍니다. 머리의 생각으로 또는 말로 용서했다고 하는 사람도 그 사람의 삶의 태도를 보면 진정으로 용서했는지 그렇지 않은지를 알 수 있습니다. 무의식적으로 나오는 말이나 태도에서 그 사람 내면의 감정이 그대로 나타나기 때문입니다.

자신의 상처를 확인하고 인정하십시오. 고통과 아픔을 최소

화하지 말아야 합니다. 불필요하게 상대방의 행동을 이해하려고 노력하지 마십시오. 진정한 용서는 봐주는 게 아닙니다. 그 사람이 잘못한 것이 맞지만 그 판단과 정죄를 내가 아니라 하나님께 돌리는 것입니다. 그렇기 때문에 자신을 학대하거나 무시하는 방법으로 상대방의 잘못으로 인한 고통을 부인하려고 하지도 말아야 합니다. 너무 성급하게 용서하지 말아야 합니다.

정직하게 있는 그대로 하나님께 고백하십시오. 당신이 다 용서했다고 하는 사람들에 대한 자신의 감정을 끄집어내십시오. 미움이든 수치심이든 분함이든 당신 안에 있는 감정을 하나님 앞에 토출해내야 합니다. 그런 다음 하나님께 맡겨야 합니다. 당신이 감정을 토해냈으면 그 다음에는 두 손을 놓아버려야 됩니다. 하나님께 드리십시오.

"이제 이 문제를 내가 다루는 것이 아니라 하나님께 맡기겠습니다. 그 사람한테 묶여 있는 나의 삶을 자유롭게 하여주옵소서. 하나님은 내게 일만 달란트를 탕감해주셨는데 나는 고작 일백 데나리온 빚진 자를 용서하지 못했습니다. 미워하고 용서하지 못한 내 감정에 붙어 있는 더럽고 악한 것들아, 예수 그리스도의 이름으로 명하노니 떠나갈지어다! 나를 용서하지 못하는 죄에 빠지게 한 사건들아, 내가 너를 떠나보내니 너는 하나님의 처리를 받아라! 나는 더 이상 너에게 매어 종노릇하지 않겠다! 너와 나는 아무 관계가 없다. 나는 자유함을 얻었다! 하나님, 나를 통치하여주옵소서. 하나님이 나를 사랑해주시고 하나님이 나를 용서해주신 것처럼 나도 그를 용서합니다."

지금 당신의 인생에서 용서하지 못하는 사람이 누구이며 무엇 때문인지 생각해보십시오. 당신 자신을 용서하지 못한다면 구체적으로 생각해보십시오. 대상과 그 대상의 어떤 말과 행동 등 구체적으로 떠올리며 구체적으로 하나하나 용서하십시오.

회개와 용서를 통해 당신 자신을 온전히 비워야만 비로소 하나님의 영광이 임할 수 있음을 기억하십시오. 기름부으심은 그 하나님의 영광을 통해 부어집니다. 기름부으심이 넘칠 때 내 마음에 세상 어디에서도 맛볼 수 없었던 참 평안이 찾아옵니다.

상처를 치유해야
내 안에 온전한 기름부으심이 흘러들어온다

기름부음을 구하는 훈련 비움 ❸

상처의 온상

하나님이 주시는 기름부으심을 받으려면 내 안에 상처를 보아야 합니다. 그것을 치유해서 고침을 받아야 온전한 통로가 될 수 있습니다. 내 속의 상처를 보려면 그 상처의 근원이 되는 '원(原)가족'(자신이 자녀로 있었던 가족)부터 보아야 합니다. 실제로 대부분의 상처는 어릴 때 원가족에서 생겨난 것입니다. 그런 의미에서 우리를 사랑하는 부모는 가해자가 되고 우리는 피해자가 되는 것입니다. 우리가 다시 새로운 가정을 이룰 때 우리는 다시 가해자가 되고 우리의 자녀는 피해자가 됩니다.

상처는 살아오는 동안 있어야 하는데 없어서 생기는 상처와,

없어야 하는데 있어서 생긴 상처로 나눌 수 있습니다. 다른 말로 하면 우리는 부모나 가까운 다른 사람으로부터 사랑과 용납을 받아야 하는데 받지 못해서 생긴 상처와, 반대로 부모나 권위자는 자녀에게 지나친 기대와 강압과 학대를 하지 말아야 하는데 그렇게 함으로써 생긴 상처들이 있습니다.

상처는 우리의 육체 또는 신념체계에 사고(思考)의 습관적인 구조(사고의 요새)를 형성합니다. 상처 때문에 우리가 잘못 반응할 때 부정적인 사고체계를 갖게 되고, 우리는 계속해서 죄와 불순종을 저지르게 되고, 죄와 불순종이 있는 곳에 사탄이 틈을 타고 들어와 우리를 누르게 되고, 우리는 결국 어두움 가운데서 생활할 수밖에 없습니다. 어두움 속에 살기 때문에 우리가 또 다른 상처에 영향을 받는 악순환이 계속됩니다. 이 악순환이 우리가 하나님과 다른 사람들과 우리 자신에 대해 어떻게 느끼고 생각하는지에 관해 지속적으로 영향을 끼칩니다.

인간에게는 채워지기 원하는 기본적인 정서적 욕구가 네 가지 있습니다. 무조건적인 사랑, 안정감, 다른 사람들로부터 인정받고 칭찬받는 느낌, 살아가는 분명한 목적의식입니다. 하지만 이 네 가지를 모두 채워줄 수 있는 부모나 가정은 없습니다. 부모도 완벽하지 못한데 어떻게 무조건적으로 사랑할 수 있고, 날마다 칭찬과 격려만 할 수 있고, 지속적인 안정감을 제공해줄 수 있고, 살아갈 이유와 가치를 줄 수 있겠습니까?

　우리는 본질상 진노의 자녀이며 죄악 가운데 태어난 그 부모와 더불어 한 가정을 이루고 살아갑니다. 그렇기 때문에 대부분의 상처와 잘못된 사고의 체계는 어릴 때 부모와 가정으로부터 생겨납니다. 그래서 육신의 부모는 우리의 생각과 감정에 가장 강력한 영향을 미치고 상처를 주기도 합니다.

　거절감과 반항이라는 상처의 이중주

　우리에게 있어야 하는데 없어서 생긴 상처는 사랑과 용납과 관계의 결핍입니다. 우리는 설령 잘못했을 때라도 비록 잘못에 대한 책임은 져야 하지만, 용납 받아야 하고 끊임없는 관심과 사랑 속에서 자라고 살아야 하는 존재입니다.

　온전하지 못한 우리는 부모로부터 그랬고 심지어 우리의 자녀와도 온전한 사랑의 관계나 용납해주는 관계를 갖지 못했습니다. 그래서 우리 가운데 있는 내면의 어린아이가 사랑 받고 싶어 하고 인정받고 싶어 합니다. 그런 관심을 받아 행복했어야 할 어린 시절을 그리워합니다. 이런 사랑과 용납의 결핍이 곧 상실과 거절이라는 상처를 가져옵니다. 동시에 우리는 뭔가 잃어버린 것 같고 채워도 채워질 수 없을 것 같은 배고픔, 인정과 관심을 갈망하며 살아가게 됩니다.

나 역시 거절감을 겪으며 살아왔습니다. 그런데 놀라운 것은 내가 받은 거절감에 배나 되는 거절감을 내 자식에게 주었다는 사실입니다. 《고맙습니다 성령님》에서도 나눈 바 있지만, 나는 어느 날부턴가 반항하기 시작하고 부모의 말을 존중하지 않고 마치 청개구리처럼 행동하는 아들을 전혀 이해하지 못했습니다. 하나님을 진정으로 알게 되고 성령님을 만나게 되었을 때 나는 비로소 나와 아들의 관계로 너무나 가슴이 아팠고 성령님이 가정을 새롭게 회복하도록 인도해주시기를 간절히 구했습니다.

아들을 위해서 하나님의 법으로 잘 양육시키기 원했지만, 아들 눈에 나는 거짓 인생, 삶과 믿음이 일치하지 않는 이중적인 인간으로 보였습니다. 그때까지 나는 내가 어린 아들에게 준 수많은 상처들과 상실감과 거절감을 알지 못하고 단지 아들과 다시 관계를 회복하겠다는 마음만 가지고 있었습니다. 아들 앞에 무릎을 꿇고 울기도 했고, 아들이 잘못했을 때 심지어 아이대신 나를 때린 적도 있었지만 아들은 돌아오지 않았습니다. 말을 하지 않을 때가 많았습니다.

혼자 있는 방

그런데 중3 때인가 아들에게 이야기하던 중에 아들이 할 말이 있다면서 참으로 오랜만에 먼저 말문을 열었습니다.

"아빠, 아빤 내가 어릴 때 아빠를 원하고 가장 필요로 했을 때 한 번도 나를 만나주지 않았어요. 놀아주지도 않았고 무슨 말만 하면 '피곤하니까 가서 네 할 일은 네가 알아서 해라. 아빠 귀찮게 하지 마라' 그러고 나를 거절했어요. 그 말 외에 아빠가 나한테 해준 게 뭐가 있어요?"

그 순간 나는 몹시 두려웠습니다. 그런데 아들이 흰 종이에 네모를 그리고 말했습니다.

"여기 문이 있는데 나는 이 방에 들어갔어요. 슬프고 힘들고 외로웠지만 나는 거기서 혼자 잘 지냈어요. 이제는 그 방에서 지내는 게 익숙해요. 아버지가 성령을 받았는지 뭘 받았는지 몰라도, 이젠 나더러 문 밖으로 나와서 잘 지내자고 하는데, 왜 내가 굳이 이 방에서 나와야 하죠?"

나는 그 말을 듣는 순간 너무나 큰 충격에 빠졌습니다. 처음 미국에 가서 학업을 시작했을 때 아들아이는 매우 어렸습니다. 날마다 아이를 업고 교회에 가서 새벽기도를 드리던 아름다운 시절도 있었습니다. 많은 유학생이 그렇듯이 나는 정말 열심히 공부했습니다. 내 몸 돌볼 틈도 없이 학업에 매진하여 3년 4개월 만에 박사 학위를 받았습니다.

오로지 공부 공부, 어떻게 하면 빨리 끝낼까 하는 생각밖에 없었습니다. 자식이 있었지만 자식을 어떻게 키우는지도 몰랐고, 비록 아들을 사랑했지만 어떻게 해야 좋은 아버지가 될 수 있는지도 모르는, 현실의 삶이 너무 고달픈 존재였습니다. '공부해야 하는데… 난 너무 피곤한데…' 하면서 아들이 내게 다가올 때마다 나도 모르는 사이 아들을 밀어내고 멀리한 것입니다.

'문제는 이거였구나! 그것 때문에 내 아들 마음속에 아무도 들어가지 못하고 있다.'

거절감의 회복과 극단적 결말

당연히 받아야 할 사랑과 용납과 관계의 부재(不在)가 내 아들에게 큰 상처가 된 것입니다. 나는 비로소 내가 무엇을 잘못했는지 깨달았습니다. 사람을 변화시키는 것은 죄책감이 들게 하거나 잘못을 판단하고 정죄하고 비판하는 것이 아니라 사랑과 용납과 관계라는 것을 배웠습니다.

그 이후로는 아들을 탓하지 않았습니다. 못마땅한 게 있어도 사랑으로 기다렸습니다. 그러자 그 아들이 돌아오기 시작했습니다. 나는 이 세상에서 가장 행복한 사람입니다. 왜냐하면 잃어버릴 뻔한 내 아들을 얻었기 때문입니다. 아들을 보기만 해도 배부르고 감사합니다. 다 큰 아들을 마음껏 안고 뽀뽀하고 사랑한다고 말하고, 나누고 싶은 이야기가 있으면 얼마든지 나눌 수 있게 되었습니다.

권위자로부터 자신이 그가 원치 않는 존재라는 느낌을 받게 될 때, 소외되고 무가치하다고 느낄 때, 가정에 소속되지 못한다고 느낄 때, 사랑 받고 용납 받고자 하는 갈망이 있으나 아무도 관심을 가져주지 않을 때 사람들은 거절감을 느낍니다. 거절감은 인간에게 가장 흔한 상처이자 가장 깊숙한 곳에 남는 상처입니다. 많고 적은 차이가 있을 뿐이지 우리는 누구나 다 거절감이라는 상처를 입습니다.

어느 대학생이 자신의 부모를 살해했던 끔찍한 사건의 재판 때 그 대학생의 진술을 기억하십니까?

"내 부모가 한 번이라도 나를 사랑한다고 말해줬더라면…"

부모를 살해한 아들이 재판정에서 외친 이 한마디가 사회적으로 큰 반향을 일으켰습니다. 사랑과 용납과 관계는 없고, 오직 자식 잘 키우겠다는 마음만 앞세운 부모와 그 자식은 결국 이런 비극적인 종말로 끝이 났습니다.

상실감의 경험

사랑과 관계의 결핍에서 오는 두 번째 상처는 상실감입니다. 상실감은 자아의 정체성을 잃게 만듭니다. 한 가정의 당당한 자녀로 사랑 받고 내가 무슨 일을 하더라도 부모가 나를 사랑한다고 느끼고 인정받아야 하는데 그렇지 못하기 때문에 자기가 누구인지 모르는 것입니다. 상실감은 심한 외로움과 고립과 격리감을 안 겨줍니다.

이 상실감은 부모와의 관계 특히 아버지와의 관계에서 비롯될 경우가 많습니다. 특별히 부모가 직업상 전근이 많고 주거 환경이 불안하거나 결손 가정일 경우, 부모와 오랫동안 만나지 못하는 경험 등이 마음속에 자신도 모르는 상실감을 만들어냅니다.

지나친 기대로 인한 상처와 학대

반대로 없어야 하는데 있어서 생긴 큰 상처는 지나친 기대에 의한 상처와 학대입니다. 우리가 자라오면서 우리 삶에 없어야 하는 지나친 기대와 그렇지 못한 현실 사이에 엄청난 괴리감으로 생기는 것이 수치심입니다. 수치심은 자아의 정체성을 완전히 상실하게 만들고 결국에는 낮은 자존감, 강한 분노, 중독을 유발합니다.

수치심을 없애기 위한 극단적인 행동의 양극단에 자살과 살인이 위치해 있습니다. 우리는 수많은 학대 속에서 살고 있습니다. 우리는 사랑도 받았지만 학대도 받았습니다. 학대는 공개적일 수도 있고 비공개적일 수도 있습니다. 특히 그리스도인들은 영적인 학대를 조심해야 합니다. 부모 자신도 하지 못하는 일을 하나님 말씀을 빌미로 "너는 이렇게 살아야 한다!"라고 강요하는 것도 일종의 영적인 학대입니다. 말로 하는 학대, 신체적인 학대, 마땅히 해야 할 긍정적인 행동을 하지 않는 것, 필요를 공급해주지 않는 것도 학대입니다.

역기능 가정의 부모는 자식이 부모를 불편하게 만들지 않기를 바랍니다. 부모를 창피하게 만들거나 실망시키지 않기를 원합니다. 개인적으로 너무 욕심을 부리지 않기를, 배우지 않아도 모든 일을 완벽하게 해내기를, 절대로 비판적인 생각은 하지 않기를 바랍니다. 무슨 일에든지 남에게 져서도 안 됩니다. 단 부모와 겨룰 때는 예외입니다. 학교에 들어가면 무조건 높은 점수로 좋은 성적을 내기를 바랍니다. 설령 불안, 혼란, 고통이 있더라도 아무 문제없이 잘 자라야 하고, 부모가 시키는 것은 무엇이든지 기쁘게 순식간에 그리고 완벽하게 해내기를 바라고, 즐거운 추억 외에 아무것도 기억하지 않기를 바랍니다.

당신이 당신 자녀에게 바랐고 결국에는 자녀에게 상처가 된 것들은 무엇입니까? 당신은 당신의 자녀에게 무리한 것들을 바라지 않았습니까? 혹시 그랬다면 회개하시기 바랍니다.

나의 유학생활 동안 내 아들은 미국에서 살다가 한국으로 돌아와 초등학교에 들어갔습니다. 그때만 해도 외국에서 살다 왔다고 하면 그게 자랑이었습니다. 어느 날 아들아이가 "친구들이 '야, 너는 좋겠다! 미국에서 살다 왔으니 영어도 잘하고 얼마나 좋으냐?'라고 했는데 '난 좋은 게 하나도 없어. 아버지한테 맞은 기억밖에 나지 않아'"라고 말했다고 해서 나를 충격에 빠트린 적이 있습니다. 만날 꾸중만 한 것도 아닌데, 사랑했고 좋은 일도 있었고 나름대로 최선을 다해 생활한다고 했지만 아들아이는 부족한 것만 기억하고 있더라는 것입니다.

사실 우리는 우리 자녀에게 이런 것들을 바랍니다. 하지만 어떤 자식이 이렇게 할 수 있겠습니까? 이런 지나친 기대야말로 부모 자신의 상처에서 비롯되었다는 것을 알아야 합니다. 자기도 그렇게 살지 못했으면서 자식한테 그렇게 바란다는 것은 있을 수 없는 이야기입니다.

하나님의 사랑을 경험하면 사랑하기 위해 거듭난다

그런데 우리 인생에서 정말 큰 상처는 없어야 하는데 있어서 생긴 상처보다는 있어야 하는데 없어서 생긴 상처입니다. 우리가 자라오면서 부모의 지나친 기대감 속에 학대를 받을 경우, 그것을 이해하고 그것으로부터 자유함을 받는 것은 비교적 쉽지만 우리 마음속에 사랑과 용납과 관계가 형성되지 않아서 생긴 거절감과 상실감은 나도 모르게 깊은 곳에서부터 끊임없이 자신을 괴롭힙니다.

그러나 이제 우리는 그런 것들로부터 자유함을 누릴 수 있습니다. 더 이상 날마다 상처에 매여 헤매지 않아도 됩니다. 그 상처를 싸매시러 예수님이 이 땅에 오셨기 때문입니다. 우리는 더 이상 사랑 받기 위해 태어난 존재가 아닙니다. 사랑을 주기 위해 거듭난 존재입니다. 더 이상 다른 사람을 탓하거나 자신을 정죄하거나 다른 사람에게 묶여 있지 말고 그 사랑을 오직 하나님으로부터 받아야 합니다. 그러나 대부분의 경우 부모와의 관계에서 생긴 상처 때문에 예수 그리스도로부터 흘러나오는 그 사랑의 통로를 열지 못한다는 것이 가장 큰 문제입니다.

당신이 부모와의 관계를 다시 개선해야만 하는 더 시급한 이유는 그간 부모로부터 받지 못한 사랑을 받기 위해서가 아니라 부모를 대신해서, 예수 그리스도를 통해서 얼마든지 하나님의 사랑을 받을 수 있는데도 그 관계, 그 상처 때문에, 잘못된 생각의 패턴, 그 감정의 패턴 때문에 하나님 사랑의 통로를 스스로 막고 있는 것이 문제가 되기 때문입니다. 본질적으로 말하자면, 그것 때문에 바로 하나님의 진정한 기름부으심이 흐르지 못하는 것입니다.

이제는 당신 안에 사랑의 하나님이 함께 계신다는 것을 다시금 분명히 하십시오. 우리는 더 이상 부모로부터 내 남편과 아내로부터 다른 사람으로부터 사랑 받기 위해 굶주려 있는 그런 사람들이 아닙니다. 우리의 사랑은 하나님 한 분으로부터 충족되었습니다. 이제는 더 이상 사랑 받기 위해 태어난 존재가 아니라 사랑을 주기 위해 거듭난 존재가 되었음을 선포하십시오.

삶이 가져다주는 온갖 상처

우리의 상처는 이런 근원적인 상처뿐만이 아닙니다. 우리는 살아가면서 겪게 되는 사건 사고를 통해 심각한 상처를 받습니다. 예를 들면 부모의 이혼은 자식에게 엄청난 상처가 됩니다. 알코올 중독자의 자식들이 받게 되는 상처도 대단히 큽니다. 행동 지향적 가정에서는 모든 행동에 대가와 보상을 기대하고 그렇지 못할 경우 아무것도 없습니다. 율법은 있지만 사랑이 없는 가정도 있습니다. 사랑 없이 가혹한 기대만 하는 부모는 자식을 학대합니다.

어머니가 가장(家長) 역할을 다하고 모든 권세를 누리는 지배적인 어머니와 수동적인 아버지 가정에서는 온전한 가정의 본을 배울 수 없습니다. 모든 하나님의 권세는 남편을 통해 옵니다. 남편이 아내의 머리에 손을 얹고 기도할 수 있을 만큼 남편에게 영적 권위가 주어져야 합니다. 하나님의 복과 권위는 남편을 통해 흐릅니다. 아내는 남편으로부터 축복기도를 받으십시오. 물론 아내도 남편에게 축복기도를 해야 합니다. 부모는 자녀들의 머리에 손을 얹고 기도하십시오. 그럴 때 하나님 가정의 영적 권위가 회복됩니다.

원치 않는 아기를 임신하고 뱃속 아이를 원망했을 때에도 그 감정이 아기에게 다 전달됩니다. 뱃속에서부터 부모의 학대에 시달린 아이가 태어나서 부정적인 마음과 우울감에 시달린다는 사실은 부정하기 어렵습니다. 권위적인 아버지 밑에서 자란 자녀는 성장할수록 반항심이 커지고 권위자들로부터 통제받기 싫어합니다.

얼마 전 HTM(www.heavenlytouch.kr)에서 실시한 내적치유 스쿨 세미나에 참가했던 분도 자신의 이런 경험과 치유를 간증한 바 있습니다. 내적 치유를 받는 과정 중에 이 자매님은 성령님께 의지하여 기도하다가 태 안에서 불안해 하는 자신을 느꼈다고 했습니다. 그녀는 자신의 임신을 기뻐하지 않는 어머니가 떠올라 울기 시작했는데, 자신의 기억 속에 없는 태 안의 자신과 유아기의 자신의 아픔이 진하게 느껴졌다고 합니다.

특히 어머니의 젖이 모자라 맑은 미음으로 허기를 달랬던 유아기의 상처가 지금까지도 풍족히 먹어야 만족하는 자신의 원인이 아닌가 하여 울고 웃었다고 고백했습니다. 태 안에 있는 자신을 기뻐하지 않은 아버지 어머니를 용서하고 자기 안에 더러운 것들이 떠나가도록 큰소리로 선포했을 때 얼마나 시원했는지 모른다고 하늘 아버지께 영광을 돌린 그 자매님의 간증이 인상 깊었습니다.

또 한 아이에게는 지나친 사랑과 관심을 쏟으면서 다른 아이에게는 그렇게 하지 않는 부모의 편애도 아이들에게 큰 상처를 남깁니다. 하지만 놀랍게도 대개 사랑 받지 못한 자식이 많은 사랑을 받은 자식보다 부모한테 훨씬 잘합니다. 둘째아들 둘째딸이 첫째보다 잘하는 경우가 많습니다. 첫째와 일일이 비교당하고 제대로 된 관심과 보살핌을 못 받은 둘째가 부모에게 더 잘하는 이유는 더 인정받고 싶어 하기 때문입니다.

첫째는 부모로부터 마음껏 사랑을 받았고 받는 것을 당연히 여기며 살았습니다. 하지만 둘째는 부모에게 인정받기 위해, 다른 말로 하면 살아남기 위해 어릴 때부터 헝그리 정신으로 살아왔습니다. 결국 그 내면에는 부모에게 잘해야 사랑 받을 수 있다는 상처가 깔려 있는 것입니다. 하지만 그런 둘째는 설령 부모가 사랑을 준다 해도 제대로 받을 줄도 모릅니다. 한 번도 그런 사랑을 편안하게 아무런 조건 없이 받아본 적이 없기 때문입니다.

우리에게 가장 큰 문제가 되는 것은 우리가 하나님을 사랑하지 않는 것이 아니라 우리가 하나님의 사랑을 받을 줄 모른다는 것입니다. 하나님을 위하는 일이라면 지금 죽으라면 죽을 만큼 열심히 헌신합니다. 우리에게 그런 갈망과 열정이 있습니다. 그런데 참으로 아이러니한 것은 그런 사람은 하나님이 은혜로 우리에게 주시는 것을 아무 부담 없이 마음껏 받지 못합니다. 정말이지 하나님이 안 계시거나 안 주시는 게 아닙니다. 하나님이 다 주셨습니다. 그런데 우리가 우리 안에 있는 상처 때문에 제대로 받지 못한다는 것입니다.

하나님의 기름부으심도 마찬가지입니다. 하나님의 사랑을 마음껏 받을 줄 알아야 다른 사람에게 흘려보낼 수 있습니다. 하나님이 주시는 것을 받아 누리시기 바랍니다. 당신의 행위와 당신의 고행과 당신의 노력이 아니라 오직 믿음으로 그 사랑을 받으십시오.

부모의 죽음은 버려졌다는 상처를 남깁니다. 충분한 사랑을 받지 못하고 자란 아이들은 자라서 동료들로부터 쉽게 거절당한다고 느끼거나 따돌림을 당한다고 느낍니다. 남자친구나 여자친구로부터의 거절, 교회 내에서 느끼는 거절, 배우자로부터의 거절도 우리 인생에 큰 상처로 남습니다.

상처의 영향과 그 증상

부모나 자녀, 가족 구성원 중 어느 한 사람이라도 심각한 상처가 있다면 그 가정은 역기능 가정이 됩니다. 육신에 상처가 있으면 결국 영에 상처를 미치고, 영에 상처가 있으면 결국 육신에도 상처를 미칩니다. 우리 마음의 병이 결국 우리 육신의 병으로 번지고 또는 그 반대로 되는 것을 나는 수없이 목격했습니다. 한

국명으로 등재된 병명(病名) 중에 화병(火病)이라는 것이 있습니다. 왜 그렇습니까? 우리 마음의 병이 육신에 병을 가져오기 때문입니다.

상처는 우리 몸 전체에 영향을 미칩니다. 우리는 또한 마음에 가득한 것을 입으로 뱉어내기 때문에, 그 상처는 다른 가족 구성원들에게도 영향력을 미칩니다. 상처는 거짓이라는 견고한 진(세상적인 믿음)을 칩니다. 상처는 희망을 없애버리고 수치심을 일으킵니다. 상처는 자기 방어 반응을 불러옵니다. 상처는 가면을 쓰게 합니다. 상처는 정상적으로 성숙하지 못하게 하며, 특정한 감정이 성숙하지 못하도록 고착시키기도 합니다. 상처는 하나님에 대한 화와 실망을 줍니다. 상처는 감정을 닫게 만듭니다. 상처는 인격을 산산조각 나게 만듭니다. 상처는 우리로 악한 영의 압제하에 있도록 합니다.

상처로 인한 정신적 미성숙의 증세 또한 다양합니다. 쾌락을 추구하는 정신상태, 자기중심적인 생활방식, 자기파괴적 행동, 무책임, 자기절제의 결핍, 지나치게 책임이 강한 것도 상처입니다. 모든 것을 자기가 다 해야 한다고 생각하는 것도 아주 큰 상처입니다. 지나친 소유욕, 만성적인 우울, 두려움과 공포, 중독과 강박증, 융통성 없음, 만성적인 불안, 분열적인 행동, 만성적인 관계의 문제, 깨어진 관계 패턴, 역기능 행동, 위축과 고립, 지나친 자기 방어벽, 호전적이고 쉽게 화를 냄, 사랑과 용납을 주고받는 데 어려움, 교묘한 조정과 조작(manipulation), 수정이나 지시받는 데 어려움이 있음, 계속해서 관심과 인정을 받으려 하고 눈에 띄려고 함, 타인에게 사랑 받지 못한다고 느껴서 늘 거절당하는 느낌, 감정적인 미숙함, 혼자서는 견디지 못함, 남을 판단하고 정죄하는 태도, 하나님과의 친밀함이 부족하고, 자기 자신을 믿지 못하고 자기 존중감이 없는 것 등입니다.

그러나 이런 것이 없는 사람이 어디 있습니까? 우리 모두가 일부분 이러한 경향을 띠고 있습니다.

어느 가정도 완전하지 않다

본인이 내적 치유를 하고자 혹은 다른 사람으로부터 받고자 할 때 자신의 문제만 보아서는 안 됩니다. 상처의 발원지는 가정일 경우가 많습니다. 상처를 온전히 치유하려면 당신의 문제가 어디서부터 왔는지 그리고 원가족간 상호작용에 어떤 문제가 있는지 살펴보고, 자신의 가계(家系)에 내려오는 어떤 세대간 동일한 패턴이 있었는지도 살펴보아야 합니다.

건강한 가정의 자녀들이라면 보고 듣고 인식할 수 있고 생각할 수 있고 느낄 수 있고 마음껏 욕구를 말할 수 있고 자신의 꿈을 추구할 수 있습니다. 이런 가정이 순기능 가정입니다. 가장 중요한 것은 각자 그 가족 구성원의 자아분화(自我分化)가 정상적으로 이루어졌느냐 하는 것입니다. 즉, 각자 원하는 대로 살 수 있어야 한다는 뜻입니다. 사랑과 용납과 관계가 있고 지나친 기대나 학대는 없어야 하고 자기 표현이 자유롭다면 순기능 가정이라고 할 수 있습니다.

그런데 역기능 가정을 보면 순기능 가정이 어떤 것인지 더 잘 알 수 있습니다. 역기능 가정은 가족 구성원 개개인이 온전하지 못해서 대인상호간 작용과 가족간의 모든 관계 기능이 손상된 가정입니다.

그러나 이 세상에 완벽한 순기능 가정은 없습니다. 예를 들어 창세기를 살펴보면, 하나님이 만드신 첫 가정에서 형이 아우를 죽이는 살인사건이 일어났습니다. 하나님이 만드신 첫 가정도 그야말로 문제가 많은 집안이었습니다.

한때 나도 내 가정이 최악인 줄 알았습니다. 또 내적 치유 사역자가 되기 위해서는 다른 가정과는 달리 문제가 거의 없는 가정에서 자라야 한다고 생각했습니다. 내가 처음 크리스 해리슨 목사님을 만나 그 분을 통해 내적 치유를 경험할 때에도 내 마음속에서는 늘 '나 같은 게 뭘? 집안도 좋지 않고 내 자신이 상처가 많으니 내가 뭘 하겠나?'라고 생각했는데, 어느 날 크리스 해리슨 목사님이 자기 가정에 대해 이야기하는 것을 듣고 너무 놀라서 오히려 내 가정에 대해 감사와 안도감을 가질 정도였습니다.

나는 그때 비로소 내 상처의 정도가 문제가 아니라 그 상처가 치유된 만큼 다른 사람을 치유할 수 있다는 사실을 깨달았습니다. 그동안 내 가정이 왜 이래야 됐는지 괴로워했고 원망했던 일이 오히려 감사로 돌아서는 계기가 되었습니다.

'하나님이 나에게 다른 사람을 도울 수 있는 기회를 주셨구나. 내가 받은 여러 가지 자극(어려운 일들과 상황들)이야 내가 바꿀 수 없지만 그것에 대해 어떻게 반응하느냐는 내 책임이며, 그것을 위해서 예수님의 십자가와 권능이 필요한 것이구나!'

하나님은 그것을 깨닫게 하셨고 내가 새롭게 변화될 수 있다는 확신을 심어주셨습니다. 나는 더 이상 다른 사람을 탓하지 않습니다. 주어진 것에 감사합니다. 내 의지로 그렇게 만든 게 아닌 이상 아무것도 탓할 이유는 없습니다. 이제부터의 삶, 앞으로 남은 인생이 훨씬 더 중요하기 때문입니다. 더욱이 나는 넉넉히 이길 수 있는 예수 그리스도가 함께하심으로 감사할 뿐입니다.

역기능 가정의 세 가지 불문율

건강한 가정은 고통과 외로움, 두려움, 불안, 분노를 어떻게 수용할 수 있는지 배울 수 있는 장소입니다. 반면에 병적인 가정은 이런 감정에 대해 말하는 것은 상황을 더 악화시킬 뿐이라고 암암리에 가르칩니다.

그래서 병적인 가정에서는 구성원 중 누가 한번 폭발하면 아무도 통제할 수 없습니다. 영적 권위가 아무에게도 없기 때문입니다. 그 긴장이 유발되지 못하도록 차단하는 행동과 규칙들만 있을 뿐입니다. 건강하지 못한 가정을 유지시키는 규칙들은 근본적으로 수치심에 토대를 두고 있고, 그것은 대(代)를 따라 전수됩니다.

병적인 가정의 주요 기능 중 한 가지는 감정을 묻어둔다는 것입니다. 누군가 감정을 폭발하면 아무도 못 말리고 그러면 그 집안이 깨어지기 때문입니다. 자기가 살기 위해서는 가정이 깨어지는 것이 두렵고 집안이 유지되도록 하기 위해 서로 감정을 나타내지 않기로 하는 것입니다.

흔히 역기능 가정의 3대 원칙으로 '말하지 말라', '느끼지 말라', '신뢰하지 말라'라는 것이 있습니다. 집안일이나 자신에 대해서 말하지 않습니다. 누구도 그 문제에 관심을 갖지 않으며 또 해결할 능력도 없기 때문입니다. 상처가 드러나고 감정이 상하면 더욱더 고통스럽습니다. 가장 좋은 방법은 어떤 일에도 자신의 감정을 드러내지도 느끼지도 않는 것입니다. 또한, 가족 상호간에 신뢰가 없습니다. 왜냐하면 자신뿐 아니라 다른 모든 가족 구성원이 서로 속이며 살아가기 때문입니다.

죽어가는 마음

가정환경에 따라 성(性)이나 포르노, 알코올, 컴퓨터, 쇼핑 심지어 마약 중독에 빠질 수도 있습니다.

내 경우에는 그나마 다행히 집안에 책이 많았습니다. 나는 내 안에 있는 수치심과 낮은 자존감이 주는 고통의 감정을 대체시키고 무시하기 위해 뭐든 읽기 시작했습니다. 어디를 가든지 읽을거리가 없으면 불안합니다. 심지어 화장실에 갈 때도 뭔가 들고 가지 않으면 볼일을 제대로 보지 못했습니다. 이것도 한마디로 중독입니다. 그 중독 덕분으로(?) 단기간에 박사 학위를 따기도 하고 실험실에 불이 꺼지지 않을 만큼 열심히 연구해서 논문도 많이 발표했습니다.

사람들은 앞서 열거한 중독은 나쁘지만 책 중독은 좋은 것으로 생각하는 경향이 있습니다. 하지만 중요한 것은 그 사람이 어떤 중독인지가 아니라 그 마음속에 있는 갈망과 집착이 무엇이냐는 것입니다. 애써 그 감정을 무시하거나 대체하기 위한 내적 집착과 갈망이 중독의 근원입니다. 우리의 손과 마음을 메우는 것들은 우리가 중독되어 있는 대상들이 아니라, 그 대상들에 대한 우리 자신의 매달림과 얽매임입니다. 바로 이것을 '집착'이라고 부릅니다.

중독의 종류는 수없이 많지만 그 뿌리는 동일합니다. 그 뿌리

중의 하나는 죄로 인하여 우리의 생명이신 하나님의 사랑을 영적으로 채울 수 없어서, 육적으로 어떤 대상을 통해 자신의 만족을 채우려는 심리적 집착입니다. 또 다른 하나는 자신의 존재에 대한 수치심 때문에, 끊임없는 허무감과 고통을 잊기 위한 대체적 강박과 집착입니다.

나는 개인적으로 중독은 끊어질 수 없다고 봅니다. 왜냐하면 육신이 스스로 거기에 완전히 종노릇하기 때문입니다. 갖은 노력이나 핑계를 대도 그 악순환을 끊을 수는 없습니다.

> 너희 자신을 종으로 드려 누구에게 순종하든지 그 순종함을 받는 자의 종이 되는 줄을 너희가 알지 못하느냐 혹은 죄의 종으로 사망에 이르고 혹은 순종의 종으로 의에 이르느니라 _롬 6:16

문제는 그것이 무슨 중독이든 간에 나타난 현상을 해결하는 데 있는 것이 아니라, 그 중독을 일으키게 된 밑바탕에 있는 내면적 자아의 집착과 강박을 해결해야 한다는 것입니다. 그런데 그 집착을 해결할 수 있는 것은 오직 하나님의 은혜밖에 없습니다.

중독을 이겨내는 유일한 방법

당신 주위에 중독자가 있거나 아니면 당신이 말 못할 중독에 빠져 있다면 그 중독을 스스로 끊겠다고 결심하지 마십시오. 결심하면 하는 만큼 스스로 더 큰 수치심에 젖게 됩니다. 당신이 결심하고 돌아서면 돌아설수록 결국에는 그것에 다시 묶이게 되고 스스로 너무 실망스러워서 수치심에 떨게 되어 죽고 싶은 생각까지 들게 됩니다.

하나님의 은혜를 경험하십시오. 중독이 당신의 육신을 갖고 놀더라도 그것을 그냥 그대로 두십시오. 당신의 결심으로 끊으려고 애쓰지 마십시오. 그것보다는 그 중독을 일으킨 가장 밑바탕에 있는 집착이 뭔지 알 수 있도록 하나님께 나아가십시오. 그리고 당신의 내면적인 자아가 느낀 수치심을 해결하십시오.

당신을 돈, 명예, 성공, 인정받고 싶은 마음, 비판, 우울 등 하나님이 아닌 다른 집착에 이르도록 만든 것이 무엇인지, 어디서부터 왔는지를 하나님께 물어보십시오. 그 고통을 없애고 쾌락을 얻고 싶어서 당신이 하나님 대신 무엇을 찾았는지 살펴보십시오. 그 집착을 하나님께 내려놓고 하나님의 은혜를 입으십시오. 하나님의 사랑이 당신의 심령 안에 부어지고 당신이 계속해서 그분의 사랑을 덧입을 때부터, 당신은 중독을 결심해서 끊게 되는 것이 아니라 그것이 점점 싫어지게 될 것입니다.

중독을 끊을 수 있는 유일한 방법은 그 중독보다 더 큰 중독에 사로잡히는 것입니다. 술이든 마약이든 어떤 중독이든 간에 그 중독보다 더 좋은 중독이 생기면 다른 중독은 아무것도 아닙니다. 한순간에 다 버릴 수 있습니다. 오직 하나님의 사랑만이 죄짓는 육신에 영원한 만족을 줄 수 있고, 우리를 모든 세상적인 집착으로부터 자유케 합니다. 모든 세상적 집착이 살아 꿈틀댄다는 것은 우리가 하나님의 사랑을 맛보지 못했기 때문입니다. 그러나 예수 그리스도를 통해서 다시 그분의 생명이 우리 안에서 흐르면, 즉 그 사랑에 중독되면 당신의 모든 집착은 힘을 잃게 됩니다. 왜냐하면 그것이 최고의 중독이기 때문입니다.

버림받고 굶주린 육신 안에서 몸부림치는 그 집착에, 당신의 영에 찾아오신 아버지의 사랑을 소개해주십시오. 그분의 사랑 안에서 십자가를 통한 죄 사함을 깨닫게 되고, 성령님이 영으로써 당신을 통치하실 때부터 모든 수치심이 사라지게 될 것이고, 당신이 누구인지 알 때부터 집착이 사라지고, 마침내 당신의 모든 집착은 하나님을 향하게 될 것입니다. 그때부터 중독으로 인한 금단 증상은 점점 더 힘을 잃게 될 것입니다.

소망이 부끄럽게 아니함은 우리에게 주신 성령으로 말미암아 하나님의 사랑이 우리 마음에 부은 바 됨이니 _롬 5:5

세포 하나까지 하나님의 사랑으로 채워라

정신의학도, 정신분석도, 심리학적 방법도 당신의 문제가 뭔지 그 이유를 알려줍니다. 하지만 그 어떤 과학적 방법도 죄의 문제를 해결하지는 못합니다. 그것이 인간의 한계입니다. 오직 예수 그리스도만이, 그분의 십자가의 능력만이 우리의 죄 문제를 해결합니다. 그분이 우리 안에 들어올 때만이 내 정체성이 새롭게 됩니다. 또한 그분이 주시는 사랑만이 모든 문제의 유일한 해결책입니다. 왜냐하면 그분의 사랑을 맛볼 때 비로소 우리의 영원한 본향을 알 수 있으며, 마치 엄마의 따뜻한 품에 안겨 젖 먹는 어린아이 같은 편안함, 안정감, 만족감, 다른 어떤 것과도 비교할 수 없는 행복감을 느낄 수 있기 때문입니다. 거기에 목숨을 거십시오.

내적 치유나 마음의 치유의 결론은 죽든지 살든지 오직 예수 그리스도입니다. 예수 그리스도가 명약(名藥)입니다. 예수 그리스도가 당신의 죄 문제를 제거하시고 당신 스스로 판 웅덩이에서 샘이 솟게 하십니다.

내가 주는 물을 먹는 자는 영원히 목마르지 아니하리니 나의 주는 물은 그 속에서 영생하도록 솟아나는 샘물이 되리라 _요 4:14

성령을 통하여 그 하나님의 사랑이 당신의 세포 하나하나까지 다 채워주실 때 당신은 세상 무엇과도 바꿀 수 없는 평안함, 충만함, 감사와 기쁨과 충족감을 느낄 것입니다. 부족함이 없습니다. 목마르지 않습니다. 더 이상 집착으로 이리저리 기웃기웃하지도 않습니다.

상한 감정의 처리

감정은 우리를 행동하게 하는 힘입니다. 우리는 감정을 통해서 자신의 정체성을 이해하고, 다른 사람들과의 감정적 교류를 통해 성숙하게 됩니다. 한편, 상한 감정은 우리로 하여금 그 고통과 아픔을 통해 하나님을 향한 의존성이 더 깊어지도록 합니다. 따라서 감정은 우리를 하나님 앞으로 인도해주는 귀한 도구이기도 합니다. 그렇지만 상한 감정이 적절히 제거되지 않는다면, 우리 마음에 있는 하나님의 영광의 통로가 막히게 되어 기름부으심이 임할 수 없게 됩니다. 더욱이 상한 감정은 마치 독과 같아서 우리의 영육을 상하고 썩게 합니다.

그렇다면 우리가 감정을 어떻게 처리해야 합니까?

첫째, 자신의 감정을 인정해야 합니다. 그 감정을 무시하거나 그 감정 대신 다른 감정으로 대체시키려고 노력해서는 안 됩니다. 감정에 대해서 우리가 잘못 알고 있는 것 중에 하나가 '우리는 그리스도인이기 때문에 우리에게는 어떻게든 불쾌한 감정이 없어야 된다'라고 생각하는 것입니다. 하나님을 믿으니까 날마다 유쾌한 감정만 있어야 한다고 생각합니다. 그러나 타락한 세상에서 삶이란 고통의 연속이기 때문에 살면서 상처받는 것은 지극히 정상입니다. 상처 속에는 항상 좋지 않는 감정이 뒤따릅니다. 우리의 진정한 성숙은 유쾌한 감정이든 불쾌한 감정이든 감정 그대로를 수용할 수 있는 능력에 비례합니다.

둘째, 그 감정을 인정하고 느껴야 합니다. 괴로운 감정이 찾아올 때 우리 마음속에 떠오르는 자연스러운 생각은 이 고통이 없었으면 좋겠다는 것이지만 정말 중요한 것은 그것이 불쾌한 감정이거나 고통의 감정일지라도 피하지 않고 그대로 느낄 줄 알아야 한다는 것입니다. 그런데 우리는 안 느끼려고 하고 다른 행동으로 대체합니다. 그러니까 잘못하면 중독에 빠지는 것입니다. 설령 그 감정 때문에 내 인격에 위협이 올지라도 그 감정을 느낄 줄 알아야 합니다.

셋째, 그것이 건설적인 감정인지 파괴적인 감정인지 분별해서 건설적인 감정이라면 약(藥)으로 생각하고, 파괴적인 감정이라면 받아들이지 말아야 합니다. 자기감정을 인정하고 그 감정을 느끼고 그것이 건설적인지 파괴적인지 평가하고 만약에 파괴적인 감정이라면 자기 내면의 상처와 쓴뿌리를 찾아보고 치유를 받아야 합니다. 내면의 감정을 토해내야 합니다.

상한 감정 토해내기

우리 마음에 있는 상한 감정을 토해내십시오. 안 좋은 감정이나 생각을 품고 있으면 그것은 독(毒)이 됩니다. 상한 감정은 토해내야 하고 하나님 앞에서만 토해내야 합니다. 그렇지 않으면 죄를 짓게 됩니다.

> 내가 토설치 아니할 때에 종일 신음하므로 내 뼈가 쇠하였도다 주의 손이 주야로 나를 누르시오니 내 진액이 화하여 여름 가뭄에 마름같이 되었나이다(셀라) 내가 이르기를 내 허물을 여호와께 자복하리라 하고 주께 내 죄를 아뢰고 내 죄악을 숨기지 아니하였더니 곧 주께서 내 죄의 악을 사하셨나이다(셀라) _시 32:3-5

우리는 흔히 거꾸로 하고 있습니다. 역기능 가정의 사람들은 대개 상한 감정을 모두 가정에서 토해냅니다. 온 가족에게 있는 대로 상처 주고 교회에 나와 하나님 앞에서 꽤 괜찮은 사람처럼 행동합니다. 하지만 하나님이 원하시는 것은 상한 감정은 하나님 앞에서 토하고 가정에서는 하나님으로부터 받는 사랑을 베풀기 바라신다는 것을 잊지 마십시오.

> 백성들아 시시로 저를 의지하고 그 앞에 마음을 토하라 하
> 나님은 우리의 피난처시로다(셀라) _시 62:8

아버지께서 받아주십니다

세상에 나의 모든 비밀을 털어놓을 수 있는 가장 안전한 곳 그
리고 끝없이 받아주시고 예약하지 않아도 언제든 찾아갈 수 있는
분은 우리 아버지밖에 없습니다. 교회 목사님을 마음대로 만날 수
있습니까? 못 만납니다. 약속시간 정해야 합니다. 그렇지만 내 안
에 계신 아버지는 예약도 필요 없이 그냥 외마디만 질러도 그 마
음을 이해하십니다. 언제든 만날 수 있고 나의 모든 것을 아시고
나에게 놀라운 은혜와 지혜를 주시는 그분이 아니라면 누구를 의
지하고 누구한테 마음을 토해내겠습니까?

> 내가 소리 내어 여호와께 부르짖으며 소리 내어 여호와께
> 간구하는도다 내가 내 원통함을 그 앞에 토하며 내 우환을
> 그 앞에 진술하는도다 _시 142:1,2

토해내는 데 입을 꼭 다물고 할 수 있습니까? 하나님 앞에 토하지 못하는 사람은 쉽게 말하자면 묶여 있는 사람입니다. 지금까지 살아온 인생을 돌아보십시오. 그 삶 속에 얼마나 많은 상처들이 있겠습니까? 상처 없는 사람이 어디 있습니까? 그것을 토해내지 못하고 잠잠히 묵상하는 사람은 묶여 있는 사람입니다. 아버지 앞에 삶의 모든 문제들을 다 토해내십시오. 아버지가 받아주십니다. 성령 안에서 마음껏 토해내십시오.

세상 심리학에서도 샌드백을 치든지 방망이질을 하든지 고래고래 고함도 지르고 욕도 하라고 합니다. 그렇게 안에 있는 것을 토해내면 시원합니다. 하지만 하나님 앞에 얼마나 가까이 갔습니까? 자기 속만 시원해지는 것은 온전한 치유가 아닙니다. 그 일을 통해서 우리는 하나님의 의(義)가 되어야 합니다.

따라서 우리가 토해낸다고 할 때는 넋두리도 아니고 내 분통을 터뜨리는 것도 아닙니다. 성령 안에서 하나님의 임재 가운데 그분에게 마음을 열어놓을 때 내 육신에 박혀 있는 상한 감정을 마음껏 토하라는 것입니다. 토해낼 때 독이 빠집니다. 당신이 상한 감정을 토해낼 때 마음이 새롭게 됩니다. 깨끗해집니다. 하나님과의 친밀함이 깊어집니다. 다른 사람과의 관계가 회복됩니다. 더 깊은 기도를 할 수 있습니다.

나 여호와가 말하노라 나의 손이 이 모든 것을 지어서 다
이루었느니라 무릇 마음이 가난하고 심령에 통회하며 나의
말을 인하여 떠는 자 그 사람은 내가 권고하려니와

_사 66:2

"주님, 우리와 함께하시니 감사합니다. 우리의 삶 속에서 원
가정에서 세대간에 내려온 상처와 쓴뿌리, 원통함, 분노 이 모든
것들을 보게 하시니 감사합니다. 이것이 나에게 독이 되어서 내
삶을 붙들고 있습니다.

주님, 지금 이 시간에 예수 그리스도께 내 감정을 토해내기를
원합니다. 내 마음을 열어주옵소서. 하나님, 내 머리끝에서 발끝까
지 내 영육에 차 있는 모든 독들을 빼내게 하여주옵소서. 내 원통
함과 내 분노와 용서하지 못하는 마음, 나를 학대하고, 정죄하고,
비판하고, 나를 사랑하지 못하고, 용납하지 못하고, 나를 통제했던
그 마음, 그때 내가 얼마나 슬펐는지, 내가 얼마나 억울했는지, 내
가 얼마나 분이 났는지 내 안에 있는 그대로를 주님, 토해냅니다.

나의 삶과 나의 원가정과 세대간에 내려오는 그 패턴을 통해
서 내 삶에 묶임이 되고 상처가 되고 쓴뿌리가 되고, 하나님이 보
시기에 아름답지 못한 것들을 보여주옵소서. 그 부분을 치유 받기
원합니다."

내 안에 묶인 상처, 미움 등 영적으로 더러운 것들을 완전히 토해내야 하나님의 기름부으심이 잘 흘러들어갈 수 있다는 사실을 꼭 명심하십시오.

오직 하나님 한 분만으로
만족하도록 채워라

기름부음을 구하는 훈련 채움

하나님의 사랑으로 가득 차오르게 하는 기도

지금까지 내 안에 있는 것들을 비워내어 하나님의 영광의 통로가 되는 비움에 대해 살펴보았습니다. 기름부으심을 위한 두 번째 훈련은 채움입니다. 채움은 한마디로 내면의 상처와 쓴뿌리를 다 비워내고 난 다음 하나님 영광의 임재로 가득 채우는 것을 말합니다. 가장 중요한 것은 비움 기도 없이는 하나님의 영광이 온전히 임재할 수 없다는 것입니다.

성령님이 내 영육을 온전히 사로잡아 그리스도의 마음으로 가득 차게 하려면 가장 먼저 내가 하나님의 성전(聖殿) 또는 예수 그리스도의 몸이라는 것을 묵상해야 합니다. 그 다음 그리스도 안에서 내가 새로운 피조물일 뿐만 아니라 하나님의 의(義)임을 묵상해야 합니다. 그리고 지금 내가 하나님의 사랑으로 충만하다는 것을 믿음으로 보아야 합니다. 이것을 늘 묵상해야 합니다.

> 너희가 하나님의 성전인 것과 하나님의 성령이 너희 안에 거하시는 것을 알지 못하느뇨 누구든지 하나님의 성전을 더럽히면 하나님이 그 사람을 멸하시리라 하나님의 성전은 거룩하니 너희도 그러하니라 _고전 3:16,17

> 하나님이 죄를 알지도 못하신 자로 우리를 대신하여 죄를 삼으신 것은 우리로 하여금 저의 안에서 하나님의 의가 되게 하려 하심이니라 _고후 5:21

그런데 이 채움을 위한 기도는 반드시 한적한 곳이나 골방에서만 해야 하는 것은 아닙니다. 물론 하나님과 나만이 만날 수 있는 공간에서 하는 것이 가장 좋지만 차를 타고 가면서 길을 걸으면서도 할 수 있습니다. 언제 어느 곳에서든지 내가 그리스도의 몸임을 마음으로 묵상하는 일은 가능합니다. 말하자면 채움 훈련은 내 육신이 나의 것이 아니라 그리스도께서 영으로 거하시는 그리스도의 몸이기 때문에 가능한 훈련입니다. 우리는 어떤 상황에서든 그분과 늘 대화하는 습관을 가져야 합니다.

"예수님, 어떻게 생각하세요? 이럴 때는 어떻게 해야 되지요?"

내가 하나님의 의(義)라는 것을 묵상하는 것은 다른 말로 두려움과 죄의식으로부터 벗어나는 훈련이라고 할 수 있습니다. 하나님의 의 안에는 두려움도 죄의식도 없기 때문입니다. 죄나 율법의 문제가 아니라 하나님의 의를 묵상하면 할수록 두려움과 죄의식이 점차 사라집니다. 그러나 죄를 지으면서 단지 의만 묵상한다고 해서 죄의식과 두려움이 사라지는 것은 아닙니다. 우리의 본질은 새 사람입니다. 우리는 의인입니다. 우리는 성도입니다. 지속적으로 그 점을 묵상하며 기도하는 것이 채움입니다.

전철을 탔든지 버스에 앉았든지 내 안에 하나님의 사랑이 가득 차 있다고 생각해보십시오. 특별히, 당신의 마음이 불편하고 감정이 요동칠 때 스스로 질문해보십시오. '지금 하나님은 어디에 계시지, 그렇다면 내가 왜 이런 감정에 사로잡혀야 하나?' 마치 진통제를 먹으면 통증이 쏴 하고 사라지는 것처럼 하나님의 사랑이 당신의 영육에 임하는 것을 묵상해보십시오. 그것이 곧 채움 훈련입니다.

기름부으심을 구하는 채움 훈련

그런데 비움 훈련을 하고 난 다음 채움 훈련을 할 때 주의할 점이 있습니다.

'성령님, 오시옵소서! 성령님, 충만히 채워주옵소서! 위로부터 임하여주시옵소서!'

비움 기도를 마치고 성령님을 초청하는 기도를 드릴 때 성령님이 우리에게 임하시면 사람마다 각자 다른 느낌이나 체험을 할 수 있습니다. 나의 경험을 말하자면 초창기에 성령님만 초청하면 내 머리 주위에 둥근 형광등을 달아놓은 것처럼 따뜻해지는 느낌이 감돌곤 했습니다. 그래서 나는 기도하다 말고 주위를 쳐다보곤 했습니다. 천장에 있는 전등 때문에 그렇게 느껴지나 하고 말입니다. 주변에 아무런 열원(熱源)이 없는데도 머리 주위에 따뜻한 온기를 느끼면 하나님의 영이 임하신 것으로 알던 때가 있었습니다.

또 성령님을 초청하며 기도할 때나 기도와 무관하게 온 팔이 혹은 팔의 일부분이 저려오는 것을 느꼈습니다. 매일 방언으로 1시간 이상 기도할 때, 갑자기 나도 모르게 '악' 하고 비명을 지를 만큼 강력한 전기가 내 팔에 흐르는 것을 느낀 순간도 있었습니다. 마치 수만 볼트의 고압선에 감전되는 느낌이 이렇지 않을까 생각했습니다. 내 손을 옆 사람에게 댄다면 틀림없이 그 사람이 타 죽을 것 같다는 느낌이었습니다. 그 뒤로 나는 내게 치유의 능력이 임했다고 생각했고, 그 다음날부터 사람에게 손만 대면 다 치유될 줄 알았습니다.

물론 그렇지 않았고 내게 하나님의 기름부으심으로 인한 치유의 능력이 임하기까지는 1년이라는 시간이 더 필요했습니다. 하나님께서 저를 겸손히 낮추시고 교만해지지 않도록 인도하셨을 뿐만 아니라 내 안에 하나님의 기름부으심이 있기를 사모하는 마음의 동기를 점검하는 시간을 허락하신 것입니다.

내 생각과 마음의 동기는 예나 지금이나 동일합니다. 나의 비전은 이 땅에 하나님나라가 임했다는 예수님의 말씀을 확증하는 것이며, 그 나라의 삶이 무엇인지 보여주고자 하는 것입니다. 그렇기 때문에 그 일을 이루기 위해 내게 하나님의 기름부으심이 절대적으로 필요하다는 것을 잘 알고 있었습니다.

'내가 부족하다면 쓰임 받게 될 때까지 하나님의 다룸을 받으면서 끝까지 기다리겠습니다! 죽기 직전 단 1년만 온전한 사역을 할 수 있을지라도 포기하지 않고 하나님의 기름부으심을 구하겠습니다!'

하나님의 기름부으심만큼은 절대 포기하지 않으리라는 나의 결심은 그때나 지금이나 마찬가지입니다. 나는 계속해서 더 큰 기름부으심을 사모할 것이고 내가 하나님 앞에 갈 때까지 끊임없이 추구할 것입니다.

성령님의 임재 체험

나는 그 마음으로 계속 하나님 앞에 나아갔습니다. 그러자 성령님의 임재를 경험하면서 다양한 현상들이 일어나는 것을 체험했습니다. 손이 떨리고 저리다든지 하면서 점차 다른 현상, 좀 더 강한 체험에 들어가기를 원하고 그런 상태만을 좇는 나 자신을 발견한 적이 있습니다.

그러나 그런 경험만을 구하면서 거기에 맞춰서 기도하는 것은 하나님의 손만 구하고 '하나님의 얼굴'을 구하지 않는 어리석은 일입니다. 그런 현상은 단지 하나님 영광의 임재의 결과일 뿐이라는 사실을 반드시 기억하십시오. 어떤 떨림이나 흔들림을 느끼거나 열기를 느낀다거나 전류가 흐르듯 찌릿함을 느낀다거나 빛을 감지한다거나 어지럼증을 느끼는 등 성령님의 임재 시 몸에서 일어나는 현상에 치우치지 마십시오. 뭔가 다른 사람보다 더 받는 척, 있는 척하지도 마십시오.

하나님의 임재는 오직 믿음입니다. 그분에 대한 신뢰입니다. 믿음으로 받으십시오. 절대 겉으로 드러나는 현상에만 집중하지 마시기를 특별히 당부하고 싶습니다. 그런 경험이나 현상에 얽매이지 말고 오직 하나님의 얼굴을 구하며 계속 나아갈 때 점차 하나님의 영광을 느끼게 될 것입니다.

시간은 없는데 기도할 시간도 부족하고, 밤에 잠을 자는 것조

차 아깝다는 생각이 들었습니다. 또 과거 채움을 훈련하는 동안에
는 가끔 좋지 않는 꿈을 꾸기도 한 터라 '하나님은 우리와 늘 함께
하시고, 우리의 육신은 피곤을 느끼지만 영은 피곤을 느끼지 않을
거야. 그렇다면 잠을 자는 동안에도 하나님과 교제할 수 있지 않
을까? 잠자는 동안에 나의 무의식까지도 하나님의 말씀으로 채우
고, 그분과 교제할 수는 없을까?'라는 생각을 했습니다. 그때 아
가서 말씀이 내 마음을 흥분시켰습니다.

> 내가 잘지라도 마음은 깨었는데 나의 사랑하는 자의 소리
> 가 들리는구나 문을 두드려 이르기를 나의 누이, 나의 사
> 랑, 나의 비둘기, 나의 완전한 자야 문 열어 다고 내 머리에
> 는 이슬이, 내 머리털에는 밤이슬이 가득하였다 하는구나
> _아 5:2

그래서 자리에 누울 때는 이어폰을 꽂고 늘 하나님의 말씀을
듣거나 혹은 기름부으심이 있는 조용한 찬양곡을 들으며 잠을 청
했습니다. 처음 몇 달간은 아침에 일어나면 뒷머리가 아프고, 자
도 잔 것 같지 않았습니다. 아마 신경이 곤두서서 잠을 제대로 청
하지 못했기 때문인 것 같았습니다. 그러나 몇 개월이 지나자 머
리도 아프지 않고, 예전처럼 편안하게 잠들 수 있게 되었습니다.

그러나 놀라운 사실은, 잠에서 깨어났을 때 마치 밤새도록 하나님과 영적으로 교제했음을 느끼게 되었다는 것입니다.

친밀함이 깊어지는 기도

처음에는 나도 하나님의 임재 안으로 들어가는 데 30분 정도 걸렸습니다. 이런저런 잡생각들을 버리고 끝까지 예수 그리스도만 바라보아야 가능하기 때문입니다. 그런데 지금은 마음을 다하여 전심으로 지긋이 '성령님!' 하고 간절히 성령님의 임재를 구하는 기도를 드리기만 해도 벌써 성령님께서 내 안에서 내 온 몸을 감싸시는 것을 느낄 수 있습니다. 이제는 하나님과의 교제가 깊어져서 하나님과 좀 더 친밀함을 나누는 사이가 된 것입니다.

그런데 간혹 가다 내가 치유집회 시에 성령님의 임재를 구할 때 성령님을 내 마음대로 부리고 명령한다고 하시는 분들이 계십니다. 하지만 그것은 말도 안 되는 이야기이며 오해입니다. 인간어느 누가 성령 하나님께 명령하고 그분을 자기 마음대로 종처럼 부릴 수 있겠습니까? 성경 말씀대로 간절히 간구하고 주님의 임재를 구하고 찾는 것입니다.

아버지와의 관계가 서먹서먹하면 "아버지" 혹은 "아버님"이라고 부르지만, 아버지와의 친밀함이 깊어지면 우리는 그냥 "아빠"라고 부릅니다. 내가 집회에서 "성령님 더, 더, 더"라고 말할 때 사실 그것은 "성령님, 더 부어주옵소서"라는 간절한 말을 줄인 것과 마찬가지입니다.

> 너희가 악할지라도 좋은 것을 자식에게 줄 줄 알거든 하물
> 며 너희 천부께서 구하는 자에게 성령을 주시지 않겠느냐
> 하시니라 _눅 11:13

> 내 이름으로 무엇이든지 내게 구하면 내가 시행하리라
> _요 14:14

우리 주 예수님은 성령님을 구하라고 말씀하셨습니다. 성령님의 임재하심을 간절히 구하십시오. 그리고 기다리십시오. 채움의 전제가 비움임을 기억하십시오. 먼저 우리 안에 더러운 것들이 소제되어야 하나님께서 내 안에 차고 넘치게 채워주십니다.

> 새 포도주를 낡은 가죽 부대에 넣지 아니하나니 그렇게 하
> 면 부대가 터져 포도주도 쏟아지고 부대도 버리게 됨이라
> 새 포도주는 새 부대에 넣어야 둘이 다 보전되느니라 _마 9:17

비움부터 열심히 하십시오. 하나님은 우리 안을 가득가득 채

우기를 원하십니다. 더 못 주어서 안달하십니다. 왜냐하면 기름부
어 우리를 쓰고 싶으시기 때문입니다. 아들딸로 삼으셨으니 이제
아버지와 더 깊은 교제를 나누며 그분의 아름다운 덕을 나타내기
를 바라시기 때문입니다. 하나님께서 가득 채워주시기를 타는 목
마름으로(의에 주린 마음으로) 구하며 비움부터 열심히 하는 것, 그
것이 열쇠(key)입니다.

> 나를 사랑하는 자들이 나의 사랑을 입으며 나를 간절히 찾
> 는 자가 나를 만날 것이니라 _잠 8:17

> 여호와의 눈은 온 땅을 두루 감찰하사 전심으로 자기에게
> 향하는 자를 위하여 능력을 베푸시나니 이 일은 왕이 망령
> 되이 행하였은즉 이후부터는 왕에게 전쟁이 있으리이다 하
> 매 _대하 16:9

나의 침상기도

나는 아침에 일어날 때마다 내가 죽고 내 안에 예수 그리스도
께서 부활하셨음을 알도록 내 가슴에 십자가의 흔적이 뚜렷하게
나타나기를 소망합니다. 내 안에 그리스도께서 함께하시므로 그
권세와 권능으로 오늘도 넉넉히 이길 수 있음을 감사합니다. 하나

님의 영광이 나의 영육에 임하여 빛나고 있음을 묵상합니다. 그리고 내 영육을 향해 예수 그리스도의 이름으로 이렇게 기도합니다.

"오늘도 하나님 말씀에 순종할지어다! 오늘도 깨어 있을지어다!

'너희 자신을 종으로 드려 누구에게 순종하든지 그 순종함을 받는 자의 종이 되는 줄을 너희가 알지 못하느냐 혹은 죄의 종으로 사망에 이르고 혹은 순종의 종으로 의에 이르느니라' (롬 6:16).

'또한 너희 지체를 불의의 병기로 죄에게 드리지 말고 오직 너희 자신을 죽은 자 가운데서 다시 산 자같이 하나님께 드리며 너희 지체를 의의 병기로 하나님께 드리라' (롬 6:13).

주님, 이 시간에 내 눈, 코, 입, 귀, 가슴, 심령, 손, 발을 우리 주 예수 그리스도의 보혈로 덮습니다.

주님, 내 육신이 주의 영광에 복종케 하여주시고 주의 말씀에 복종케 하여주옵소서. 하나님, 내 눈이 하나님이 보기 원하시는 것을 보는 눈이 되게 하여주옵소서. 주님 말씀하시는 것을 들을 수 있는 귀가 되게 하여주옵소서. 그리스도의 향기를 맡는 내 코가 되게 하여주옵소서. 내 마음에 하나님이 주신 계시의 말씀을 선포하는 입이 되게 하여주옵소서. 하나님의 영광을 드러내는 통로가 되는 마음이 되게 하여주옵소서. 하나님의 영광으로 가득 찬

내 심령이 되게 하여주옵소서. 사랑의 손이 되게 하여주옵소서. 치유의 손이 되게 하여주옵소서! 복음을 전파하는 내 발이 되게 하여주옵소서! 주님, 유혹의 욕심을 따라 발걸음을 재촉하는 내 발이 되지 않게 하시고 힘들고 어렵더라도 주님 말씀에 순종하며 나아가는 내 발이 되게 하여주옵소서!

할렐루야! 주님, 감사합니다.

이 시간에 나의 사랑하는 아내(남편), 나의 사랑하는 자녀, 주님이 허락하신 모든 영적 권세와 주님이 내게 주신 모든 물질적인 소유에 나사렛 예수 그리스도의 이름으로 우리 주 예수 그리스도의 보혈을 덮노라. 어떤 더럽고 악한 세력도 틈타지 못할 것을 예수의 이름으로 선포하노라! 예수님의 이름으로 기도드립니다. 아멘! 아멘! 할렐루야!"

이것이 내가 매일 아침 침상에서 드리는 기도입니다. 주님의 십자가, 그 하나님의 영광에 나를 복종시켜서 온전히 하나님으로부터 채움 받기를 원하기 때문입니다. 오늘 하루도 온전히 하나님의 영광을 드러내기 원하기 때문입니다.

하나님의 영광과 나

태초에 하나님의 영광이 있었습니다. 그 하나님의 영광 가운데 주의 말씀이 선포될 때 우리 눈에 보이는 가시적(可視的)인 모든 것들이 생겨났습니다. 이렇게 생각해보십시오. 탁자나 책 또는 사람도 물리적인 관점에서만 보면 다 똑같습니다. 왜냐하면, 물체를 쪼개다보면 분자는 원자로, 원자는 양성자, 중성자, 전자 그리고 소립자 등으로 이루어졌기 때문입니다. 결국, 피조세계의 모든 재료는 동일하지만 모든 존재의 궁극적인 근원은 하나님의 영광입니다. 물론 우리가 그것을 잘 설명할 수는 없지만, 하나님의 영광은 생명이며 그것은 능력입니다. 바로 그 하나님의 영광이 있는 곳에서 그분의 말씀이 주어졌을 때 그 말씀대로 실체가 이루어졌다는 사실입니다.

그러면 거꾸로 어떻게 하면 실체 이전에 그 원상태로 돌아가게 되는지 생각해보십시오. 예를 들면 '손기철'이라는 사람이 형체로 존재하지 않는 상태에서, 하나님께서 자신의 영광 가운데 "기철아"라고 부르셨기 때문에 그 영광 가운데서 손기철이 되었다는 말입니다. 그럼 다시 거꾸로, 하나님의 영광 가운데 들어감으로써 내 실체가 없어지는 상태, 즉 하나님의 영광만이 가득한 상태로 돌아가본다면 결국 나는 없게 되는 것입니다. 하나님이 만세(萬歲) 전부터 나를 택정하셨다는 것은 하나님의 마음에 이미 '나'라는 존재가 있었고 하나님께서 그 시초부터 '나'와 함께 계셨다는 뜻입니다.

우리 안에 하나님의 마음이 가득 찰 때, 즉 하나님의 사랑으로 가득 차서 나는 없어지고 하나님만이 나의 전부가 되는 상태, 그 상태로 말할 것 같으면 나의 실체적인 형체도 없는 것입니다. 나의 형체를 짓기도 전에 하나님은 나를 택정하시고 보고 계셨습니다. 하나님의 영광 가운데 말씀으로 지어진 실체적인 나는 거꾸로 하나님의 영광 가운데 들어감으로써 말씀이 실체로 변화되기 이전에 나, 나는 없어지고 하나님의 영광만, 속에 말씀만 있는 그 상태로 채워지는 것입니다. 그 상태로 들어갈 때라야만 그야말로 내가 없어지고 하나님만이 나를 통치하시는 것입니다.

놀라운 빛이 당신 주위를 덮고 있습니다. 불을 꺼놓고 기도하더라도 하나님의 영광의 빛이 당신을 비춥니다. 하나님의 빛이 보이고 나는 간 곳 없이 오직 예수 그리스도만이 계십니다. 우리는 그렇게 채움을 받아야 합니다. 당신의 마음에 하나님 영광의 임재를 계속 구하십시오.

다시는 낮에 해가 네 빛이 되지 아니하며 달도 네게 빛을
비취지 않을 것이요 오직 여호와가 네게 영영한 빛이 되며
네 하나님이 네 영광이 되리니 _사 60:19

더 깊은 임재 안에서

모세는 출애굽을 통해서 하나님의 능력을 경험한 사람입니다. 그 후에 그는 그것으로 만족하지 않고 하나님의 영광을 보기를 원했습니다. 즉, 그분의 인격, 모습, 실체를 보기 원한 것입니다.

모세가 가로되 원컨대 주의 영광을 내게 보이소서
_출 33:18

모세의 요청에 대해서 하나님은 어떻게 반응하셨습니까?

여호와께서 구름 가운데 강림하사 그와 함께 거기 서서 여호와의 이름을 반포하실 새 여호와께서 그의 앞으로 지나시며 반포하시되 여호와로라 여호와로라 자비롭고 은혜롭고 노하기를 더디 하고 인자와 진실이 많은 하나님이로라 인자를 천 대까지 베풀며 악과 과실과 죄를 용서하나 형벌 받을 자는 결단코 면죄하지 않고 아비의 악을 자여손 삼사 대까지 보응하리라 _출 34:5-7

하나님은 자신의 인격(자신의 이름)을 나타내셨고, 또한 자신의 거룩한 속성(특성)을 나타내셨습니다. 결국, 하나님의 영광은 하나님의 임재 그리고 하나님의 인격과 같은 의미입니다. 우리의 심령을 변화시키는 것은 하나님의 임재입니다. 우리가 그분의 임재 안에서 시간을 보낼 때 우리는 그분의 길(뜻)을 알게 됩니다.

그 행위(His ways)를 모세에게, 그 행사(His acts)를 이스라엘 자손에게 알리셨도다 _시 103:7

이 구절을 살펴보면, 하나님께서 모세에게는 하나님 자신의 뜻을, 이스라엘 자손들에게는 자신의 능력을 알리셨다고 말씀하십니다. 하나님은 하나님 자신을 아는 자에게만 자신의 뜻을 계시하십니다. 모세는 하나님의 뜻을 알도록 변화되었습니다. 그분의 뜻은 그분의 인격, 영광, 임재와 연관되어 있습니다. 따라서 하나님의 뜻을 아는 자는 결코 다른 길로 가지 않습니다. 한편, 하나님의 행사는 그분의 능력과 연관되어 있습니다. 따라서 오직 그분의 행사만을 아는 자는 그분을 외면할 수도 있습니다. 많은 사람들이 오직 그분의 능력만을 추구하고 있지만, 그것은 자신을 파멸시키는 길일 수도 있다는 점을 명심하십시오.

하나님은 자신의 임재를 약속하십니다. 하나님을 아는 것이 바로 그분의 길, 그분의 임재, 그분의 속성을 아는 것입니다. 일단 우리가 하나님의 임재와 영광을 알면 우리는 우리 자신에 대한 인식을 잃어버릴 것입니다. 하나님의 영광은 물리적인 육체에 현시 (現示)되지 않습니다. 하나님의 영광은 육의 영역에서 느껴지거나 경험되는 것이 아니라 인간의 영적 영역인 심령에 현시됩니다. 따라서 우리가 느끼는 것은 하나님의 영광이 아니라 하나님의 능력을 느끼는 것입니다. 영광은 느껴지거나 기술되는 것이 아니라 단지 알게 될 뿐입니다. 이 말은 우리의 모든 감각은 육의 영역에서 이루어지므로 그분의 영광이 우리 심령에 임하고 계시지만 우리는 그것을 느끼거나 이해할 수 없다는 것입니다. 단지 우리가 마음문을 열 때, 그분이 우리의 마음으로 주시는 감동에 의해서 알게 될 뿐입니다. 다른 말로, 하나님의 영광은 추구의 대상이 아니라 그분의 자발적인 찾아오심에 대한 결과로 알게 될 뿐입니다.

모세는 단순히 하나님을 느끼기를 원한 것이 아닙니다. 그분을 알기를 원했습니다. 모세가 시내산에서 하나님을 만난 후에 무슨 일이 일어났습니까?

> 모세가 그 증거의 두 판을 자기 손에 들고 시내산에서 내려오니 그 산에서 내려올 때에 모세는 자기가 여호와와 말씀하였음을 인하여 얼굴 꺼풀에 광채가 나나 깨닫지 못하였더라 _출 34:29

하나님의 임재는 자아(自我)를 없애버립니다. 모세는 자아에 대한 인식을 잃어버렸습니다. 다른 말로 인간은 하나님의 영광이 떠났을 때 비로소 자신을 보게 됩니다. 하나님의 영광이 아담을 떠났을 때를 생각해보십시오. 그는 비로소 자신이 벗었음을 알게 되었습니다. 벗었다는 의미는 하나님의 영광이 떠났다는 것을 말합니다. 우리가 우리 자신이 흙과 같은 존재라는 것을 알게 되는 것은 하나님의 영광이 벗겨진 결과로 알게 되는 것입니다. 그들이 하나님 영광의 옷을 입었을 때는 그들이 벗었음을 깨닫지 못했습니다. 죄로 말미암아 사탄이 그들의 심령으로 들어갔을 때 그리고 하나님의 임재를 잃어버렸을 때 그들은 스스로 대체할 수 있는 무엇인가를 입을 수밖에 없었습니다. 왜냐하면 본래 하나님의 영광을 입고 있었던 존재이기 때문입니다.

하나님의 영광은 우리의 심령을 변화시킵니다. 이것은 영적인 것입니다. 사람들은 부(富), 건강, 장수를 원합니다. 그러나 그들은 그들 안에 무엇이 있는지를 생각하지 않습니다. 영광은 속사람, 즉 영에 속하는 것입니다.

영광은 인간을 하나님의 형상으로 변화시킵니다.

주(主)는 영이시니 주의 영이 계신 곳에는 자유함이 있느니라 우리가 다 수건을 벗은 얼굴로 거울을 보는 것같이 주의

영광을 보매 저와 같은 형상으로 화하여 영광으로 영광에

이르니 곧 주의 영으로 말미암음이니라 _고후 3:17,18

예수님의 예를 보십시오. 베드로와 야고보와 요한을 데리시

고 산에 올라가셨을 때 예수님에게 하나님의 영광이 임했고, 예수

님은 그들 앞에서 변형되사 빛나는 광채가 나기 시작했습니다.

엿새 후에 예수께서 베드로와 야고보와 요한을 데리시고

따로 높은 산에 올라가셨더니 저희 앞에서 변형되사 그 옷

이 광채가 나며 세상에서 빨래하는 자가 그렇게 희게 할 수

없을 만큼 심히 희어졌더라 _막 9:2,3

하나님의 영광이 우리의 영육을 온전히 감쌀 때 우리는 예수

님이 "나와 아버지는 하나이신데"(요 10:30)라고 하신 말씀이 무

엇인지를 알게 될 것입니다. 왜냐하면 나는 사라지고 하나님의 영

광만이 전부가 되었기 때문입니다.

하나님의 임재는 심령 깊은 곳에서 경험됩니다. 다음 구절은

하나님의 영광은 파도와 같다고 말합니다. 하나님은 우리의 영으

로 교제하십니다. 영광은 깊은 곳에 존재합니다.

주(主)의 폭포 소리에 깊은 바다가 서로 부르며 주의 파도와
물결이 나를 엄몰하도소이다 (Deep calls to deep…) _시 42:7

하나님의 임재는 우리가 전심으로 우리의 심령 깊은 곳에서
그분을 찾을 때(seek) 오십니다. 혼이 할 수 있는 전부는 바라는 것
뿐입니다(desire). 대부분의 사람들이 기도에서 멈추는 장소이기도
합니다. 혼은 바라지만(desire), 영은 찾습니다(seek). 우리는 우리
의 혼으로 하나님을 찾을 수 없습니다. 하나님의 말씀은 하나님이
그분의 영광을 지닌 자를 발견할 때라야만 비로소 이 땅에 역사할
것입니다. 생각해보십시오. 당신 안에 하나님의 영광이 임재하지
않는다면 어떻게 이 세상이 그분을 알 수 있겠습니까?

여호와여 주의 심판하시는 길에서 우리가 주를 기다렸사오
며 주의 이름 곧 주의 기념 이름을 우리 영혼이 사모하나이
다 밤에 내 영혼이 주를 사모하였사온즉 내 중심이 주를 간
절히 구하오리니 이는 주께서 땅에서 심판하시는 때에 세
계의 거민이 의를 배움이니이다 _사 26:8,9

하나님 영광의 임재는 침묵(silent)을 낳습니다. 이 침묵은 자
연적인 조용함(quiet)을 의미하는 것이 아닙니다. 조용함은 육신

차원에 대한 말이지만, 침묵은 성령에 의해 더 깊은 곳에 대해서 말하는 것입니다. 영만이 아는 침묵입니다. 지성소(하나님의 임재)는 조용합니다. 하나님 앞에서 잠잠할 것을 배우십시오. 그리고 그분을 조용히 경배하십시오. 하나님 임재의 충만함은 거룩한 침묵으로 이루어집니다. 우리가 하나님으로 가득 찰 때 우리는 결코 말할 수도 없을 것입니다. 하나님의 임재는 혼을 잠잠케 합니다. 하나님의 임재는 혼과 자아의 모든 활동성을 중지시킵니다. 하나님의 임재는 결코 우리를 격동시키지 않고, 우리를 잠잠케 합니다.

> 그러므로 나만 홀로 있어서 이 큰 이상을 볼 때에 내 몸에 힘이 빠졌고 나의 아름다운 빛이 변하여 썩은 듯하였고 나의 힘이 다 없어졌으나 내가 그 말소리를 들었는데 그 말소리를 들을 때에 내가 얼굴을 땅에 대고 깊이 잠들었었느니라 _단 10:8,9

또한 하나님의 영광이 통치하면 시간과 공간을 초월하게 됩니다. 하나님의 깊은 것을 통달하시는 성령님께서 우리에게 보여 주시고, 우리는 오감(五感)을 통해서가 아니라 영으로 그것을 알게 됩니다.

기록된 바 하나님이 자기를 사랑하는 자들을 위하여 예비
하신 모든 것은 눈으로 보지 못하고 귀로도 듣지 못하고 사
람의 마음으로도 생각지 못하였다 함과 같으니라 오직 하
나님이 성령으로 이것을 우리에게 보이셨으니 성령은 모든
것 곧 하나님의 깊은 것이라도 통달하시느니라

_고전 2:9,10

이튿날 저희가 행하여 성에 가까이 갔을 그 때에 베드로가
기도하려고 지붕에 올라가니 시간은 제 육 시더라 시장하
여 먹고자 하매 사람이 준비할 때에 비몽사몽간에 하늘이
열리며 한 그릇이 내려오는 것을 보니 큰 보자기 같고 네
귀를 매어 땅에 드리웠더라 _행 10:9-11

**또한 그 영광의 임재를 통해서 하나님나라로 들어가기도 합
니다.**

이 일 후에 내가 보니 하늘에 열린 문이 있는데 내가 들은
바 처음에 내게 말하던 나팔소리 같은 그 음성이 가로되 이
리로 올라오라 이 후에 마땅히 될 일을 내가 네게 보이리라
하시더라 _계 4:1

이러한 영광의 임재를 체험한 그리스도인들은 자신이 죽은 것과 하나님의 영광이 임한 것이 무엇인지 알기 때문에 오직 하나님나라가 자기 마음의 생각을 다 차지하기를 늘 소망합니다. 그리고 과거처럼 세상을 보는 것이 아니라 하나님의 눈으로 세상을 보게 됩니다.

그러므로 너희가 그리스도와 함께 다시 살리심을 받았으면 위엣 것을 찾으라 거기는 그리스도께서 하나님 우편에 앉아 계시느니라 위엣 것을 생각하고 땅엣 것을 생각지 말라 이는 너희가 죽었고 너희 생명이 그리스도와 함께 하나님 안에 감취었음이니라 우리 생명이신 그리스도께서 나타나실 그 때에 너희도 그와 함께 영광 중에 나타나리라

_골 3:1-4

거룩한 부담감을 안고
기름부으심을 나눠라

기름부으심을 구하는 훈련 나눔 ❶

기름부으심을 구하는 훈련 중에 특별히 나눔이 중요합니다. 우리는 기름부으심을 통해 하나님의 권능이 흘러나가는 것을 배울 수 있습니다. 이번 장에서는 내가 개인적으로 훈련하면서 경험한 내용들을 몇 가지 소개하려고 합니다.

하나님 영광의 임재와 성령의 나타남을 구별하라

먼저 영광의 임재와 나타남을 구별하지 못하면 기름부으심을 구하는 훈련을 제대로 할 수 없습니다. 우선 당신이 알아야 할 것은 영광의 임재는 은혜로 말미암아 믿음으로 주어진다는 점입니다. 우리가 믿음으로 나아갈 때 그분은 당신의 사랑에 기초한 자발적인 의지로 우리의 심령에 임하시기 때문에 우리의 혼과 육은 알 수도 느낄 수도 없습니다. 즉, 이 영광의 임재는 우리 육신의 상태와 아무런 상관이 없습니다.

어두운 데서 빛이 비춰리라 하시던 그 하나님께서 예수 그리스도의 얼굴에 있는 하나님의 영광을 아는 빛을 우리 마음에 비취셨느니라 우리가 이 보배를 질그릇에 가졌으니 이는 능력의 심히 큰 것이 하나님께 있고 우리에게 있지 아니함을 알게 하려 함이라 _고후 4:6,7

한편, 성령의 나타남은 우리의 심령에서부터 밖으로 흘러나오는 것입니다. 바로 이때 하나님의 권능이 나타납니다.

나를 믿는 자는 성경에 이름과 같이 그 배에서 생수(生水)의 강이 흘러나리라 하시니 _요 7:38

그러나 성령의 나타남에는 영광의 임재와는 달리 믿음뿐만 아니라 우리 육체의 조건과 행위가 따릅니다. 다른 말로 그분이 우리의 혼과 육을 통치하시고 우리 밖으로 나타나심은 우리의 생각과 의지 그리고 감정의 영향을 받는다는 것입니다. 예를 들어서 성령께서 영광으로 우리의 심령에 거하시지만, 우리의 혼은 의심과 두려움으로, 우리의 육체는 과거의 습관과 태도로 그분의 나타남을 악착같이 막고 있습니다. 따라서 우리의 마음을 새롭게 하고, 우리의 육신을 의(義)의 병기로 변화시키고, 우리의 입술로 주(主)의 말씀을 선포하지 않는다면 영광의 나타남은 방해를 받습니다.

또한 너희 지체를 불의의 병기로 죄에게 드리지 말고 오직 너희 자신을 죽은 자 가운데서 다시 산 자같이 하나님께 드리며 너의 지체를 의의 병기로 하나님께 드리라 _롬 6:13

너희는 이 세대를 본받지 말고 오직 마음을 새롭게 함으로 변화를 받아 하나님의 선하시고 기뻐하시고 온전하신 뜻이 무엇인지 분별하도록 하라 _롬 12:2

주께서 가라사대 너희에게 겨자씨 한 알만한 믿음이 있었더면 이 뽕나무더러 뿌리가 뽑혀 바다에 심기우라 '말'(저자 첨가)하였을 것이요 그것이 너희에게 순종하였으리라 _눅 17:6

그러므로 내가 너희에게 말하노니 무엇이든지 기도하고 구
하는 것은 받은 줄로 믿으라 그리하면 너희에게 그대로 되
리라 _막 11:24

기름부으심을 구하는 훈련의 필요성

하나님의 영광의 임재를 사모했고, 그분의 임재의 결과로 말
할 수 없는 그분의 사랑을 느꼈다면 이제 그 생명이 당신을 통해
서 흐른다는 것을 믿음으로 바라보는 것이 나눔입니다.

예를 들면, 나는 처음에 아픈 자에게 손을 얹는 것으로부터 하
나님의 기름부으심이 흐르는 연습을 했습니다. 내가 읽은 대부분
의 책들은 어떤 느낌에 사로잡히지 말고 오직 믿음으로 기도해야
한다고 말했습니다. 나는 내가 손을 얹은 대상에 하나님의 능력이
흘러들어가는 것에 초점을 맞추었습니다. 아무런 느낌도 없었으
며 오직 믿음으로만 하나님의 치유의 능력인 기름부으심이 흐른
다고 생각했습니다.

또한, 흘러들어가는 대상에 대해서 다양한 생각들을 가지고
시도해보았습니다. 오랫동안 그렇게 하면서 손이 뜨거워지거나
진동이 있거나 하는 현상들은 있었지만 하나님의 능력이 실제적
으로 흘러나가는지 알 수는 없었습니다.

그러나 열두 해를 혈루증을 앓은 여인이 치유함을 받는 장면과 사도 바울의 사역을 보면 기름부으심은 분명히 능력으로 흘러나간다는 것을 알 수 있습니다.

예수께서 그 능력이 자기에게서 나간 줄을 곧 스스로 아시고 무리 가운데서 돌이켜 말씀하시되 누가 내 옷에 손을 대었느냐 하시니 _막 5:30

심지어 사람들이 바울의 몸에서 손수건이나 앞치마를 가져다가 병든 사람에게 얹으면 그 병이 떠나고 악귀도 나가더라 _행 19:12

믿음을 훈련하는 시행착오

그러나 수없는 기도 사역 과정을 통해서 나도 알지 못하는 사이에 언제부터인가, 나는 자연스럽게 내 안에서 능력이 나감을 알게 되었습니다. 바로 뱃속 깊숙한 곳에서 생수의 강이 흘러나오는 것 말입니다. 이런 현상은 손의 안수를 통한 접촉을 통해서도 알 수 있지만, 나중에는 직접적인 신체 접촉 없이도 다른 사람을 위해서 기도할 때 기름부으심이 흐르는 것을 느낄 수 있게 되었습니다. 그리고 놀랍게도 그 기름부으심의 흐름으로 나타나는 현상들을 직접 보게 되었습니다.

나는 이런 일이 어떻게 해서 일어났는지 너무나 궁금했고, 내 믿음의 훈련에 어떤 변화가 있었는지 되돌아보게 되었습니다. 그리고 한 가지 중요한 사실을 깨달았습니다. 다음 말씀에 주목해보십시오.

> 내가 진실로 너희에게 이르노니 누구든지 이 산더러 들리어 바다에 던지우라 하며 그 말하는 것이 이룰 줄 (마음에, 괄호는 저자 추가) 믿고 마음에 의심치 아니하면 그대로 되리라 _막 11:23

> 그러므로 내가 너희에게 말하노니 무엇이든지 기도하고 구하는 것은 받은 줄로 (마음에) 믿으라 그리하면 너희에게 그대로 되리라 _막 11:24

> 내 아들아 내 말에 주의하며 나의 이르는 것에 네 귀를 기울이라 그것을 네 눈에서 떠나게 말며 네 마음속에 지키라 그것은 얻는 자에게 생명이 되며 그 온 육체의 건강이 됨이니라 _잠 4:20-22

스스로 속이지 말라 하나님은 만홀히 여김을 받지 아니하시나니 사람이 무엇으로 (마음에) 심든지 그대로 거두리라

_갈 6:7

(마음의) 믿음은 (대상에 대해서) 바라는 것들의 실상이요 (눈으로) 보지 못하는 것들의 증거니 _히 11:1

나는 이 말씀을 통해서 매우 중요한 두 가지 사실을 깨달았습니다.

먼저 불가능한 것을 가능하게 하는 것은 우리가 아니라 하나님의 일이라는 사실을 알게 된 것입니다. 즉, 말씀이 실체로 변화되는 것은 하나님이 하실 일이지 우리가 이루어야 할 일은 아니라는 점입니다. 우리에게 필요한 것은 오직 믿음뿐입니다. 그런데 나는 너무나 오랫동안 내 마음을 대상에 빼앗겼습니다. 그래서 대상에 대한 강한 소망이 불가능한 일을 가능하게 하는 동인(動因)이라고 착각했습니다.

두 번째, 나는 그런 강력한 소망이 기름부으심을 흐르게 하리라 생각했고 또 그것이 믿음이라고 생각해왔습니다. 예를 들면, 오직 기도 받는 환자의 환부에 집중해서 내가 기도하는 동안, 그 환부가 변화될 것을 강한 소망으로 바라보며, 기름부으심이 환부

에 흐른다는 믿음으로 기도했다는 것이지요. 그러나 앞서 언급한 말씀들을 오랫동안 묵상하면서 마침내 깨달은 것은 우리의 초점은 대상에 있어야 하는 것이 아니라 내 마음에 계신 예수 그리스도에게 맞춰져야 한다는 사실이었습니다.

기름부으심의 근본, 예수 그리스도

말씀을 다시 보십시오. 기도의 대상에 어떤 일이 일어나는가에 상관없이 우리가 해야 할 일은, 오직 그 일을 행하시는 내 마음에 계신 예수 그리스도, 그분에게 모든 초점이 맞추어져야 합니다. 우리는 기도하고 구하는 것은 받은 줄을 대상을 통해서 보아야 하거나 느껴야 하는 것이 아니라 내 마음에 계신 예수 그리스도를 믿음으로 그 일이 일어날 것임을 마음으로부터 믿어야 한다는 것입니다. 실재(實在)로 어떤 일이 일어나기 전에 이미 모든 일이 내 마음에서부터 시작되고 내 마음에서 완성되어야 한다는 것입니다. 이것이 바로 '말씀이 말하는 믿음'이라는 것입니다.

앞의 말씀들에서 '마음에' 또는 '마음의'라고 첨가한 부분을 다시 묵상해보시기 바랍니다. 우리의 마음이 대상을 향할 때는 경험적이고 이성적인 믿음으로 전락하지만 우리의 마음이 내 안에 계신 예수 그리스도를 향할 때, 그 믿음은 영적이고 계시적인 믿음이 됩니다. 기름부으심의 흐름은 바로 이 마음의 믿음을 통해서 흘러나오게 됩니다.

결국, 내 마음이 오감(五感)으로 감지할 수 있는 실재적(實在的)인 대상을 향한 것이 아닌, 내 안에 계신 그러나 오감으로 감지될 수 없는 '예수님'을 향했을 때 비로소 기름부으심의 흐름을 알게 되었다는 것입니다. 그제야 기름부으심의 근원이 바로 예수 그리스도이며 모든 생각을 사로잡아 예수 그리스도에게 복종시킬 것(고후 10:5)과 예수 그리스도 외에는 아무것도 알지 않기를 원하는(고전 2:2) 사도 바울의 마음을 알 수 있을 것 같았습니다.

자신의 믿음을 시험하고 확증하라

돌이켜 생각해보면, 나는 너무나 오랫동안 내 자신의 믿음을 시험하기보다는 하나님을 시험해왔던 것입니다. 마치 못난 자식이 아빠에게 떼를 쓰듯이 기도하는 소망이나 대상에 마음을 두고 그것에 변화가 있기를 아빠에게 요구했으며, 아무런 일이 일어나지 않을 때마다 낙심하고 아버지의 사랑과 관심을 의심함으로써 아버지의 마음을 괴롭혀왔습니다. 우리가 진정으로 훈련해야 할 일은 하나님을 시험하는 것이 아니라 우리 마음 안에 있는 자신의 믿음을 시험하고 확증해보아야 하는 일입니다. 왜냐하면 우리 안에 모든 말씀을 이루시는 예수 그리스도께서 계시기 때문입니다. 오직 우리 마음 안에 계신 예수 그리스도와 그분의 말씀만을 믿고 있는지 항상 확증해보아야 합니다. 그렇지 않으면 시험을 통과하지 못한 것입니다.

> 너희가 믿음에 있는가 너희 자신을 시험하고 너희 자신을 확증하라 예수 그리스도께서 너희 안에 계신 줄을 너희가 스스로 알지 못하느냐 그렇지 않으면 너희가 버리운 자니라 _고후 13:5

이 믿음의 훈련을 좀 더 효과적으로 행하기 위해서는 몇 가지 사실에 대해서 주의해야 합니다.

첫째, 법칙과 원리를 이해하라

법칙과 원리를 구별할 줄 아는 것은 우리가 기름부으심의 흐름을 훈련할 때 믿음을 잃지 않고 승리하기 위한 중요한 요소입니다. 만약 우리가 원리를 법칙으로 생각하게 되면 문제가 발생하게 됩니다. 즉, 원리 대신에 법칙을 따르면, 그 법칙이 지켜지지 않을 때, 사탄은 기름부으심을 구하고 그 흐름을 훈련하려는 자를 참소(讒訴)하게 되며, 그 결과 믿음에 따른 나타나심을 모조리 앗아가게 됩니다.

예를 들어서, 만일 당신이 하나님의 말씀에 어긋나는 일이나 생각을 했다면, 죄책감을 가지게 될 것이고, 곧이어 '하나님은 나를 사용하실 수 없어'라고 생각하게 될 것입니다. 따라서 당신이 기름부으심의 나타남을 훈련할 때 그 영향력을 받아, '나는 지금 당신에게 기도해줄 만한 자격이 없거나 또는 믿음을 가지고 있지 못합니다'라고 말할 수밖에 없을 것입니다. 즉, 기대감 대신에 '자격이 없다' 또는 '믿음이 없다'는 감정을 느끼게 된다는 말입니다. 사탄이 다가와서 '하나님은 오늘 당신을 사용하지 않으실거야'라고 속살거리게 된 것이지요. 결과적으로 '당신이 어떻게 느끼는가'가 '당신이 알고 있는 것, 예수님께서 하기 원하시는 것'을 이기게 되는 것입니다.

우리가 기름부으심의 나타남을 위해 기도할 때 우리가 충분한 자격이나 믿음을 갖지 못하도록 하는 여러 가지 이유들이 있을 수 있습니다. 그러나 정말 중요한 것은 그런 것들이 우리가 기도하지 못하도록 허락해서는 안 된다는 사실입니다. 먼저 회개하십시오. 더욱이 어떤 조그마한 부정적인 상황이라도 그것들이 우리로 하여금 기름부으심이 나타나지 못하게 만들지 않도록 조심해야 합니다. 만약 우리가 이런 사실을 늘 기억하고 있다면, 우리의 자격이나 믿음에 대한 자신의 의식과 상관없이 기름부으심은 흘러갈 것입니다.

하나님은 하나님 자신이 영광을 받기 위해서 약하고, 무가치하고, 자격 없는 사람들을 사용하시기를 기뻐하신다는 것을 명심하십시오.

> 형제들아 너희를 부르심을 보라 육체를 따라 지혜 있는 자가 많지 아니하며 능한 자가 많지 아니하며 문벌 좋은 자가 많지 아니하도다 그러나 하나님께서 '세상의 미련한 것들'을 택하사 지혜 있는 자들을 부끄럽게 하려 하시고 '세상의 약한 것들'을 택하사 강한 것들을 부끄럽게 하려 하시며 하나님께서 '세상의 천한 것들과 멸시 받는 것들'과 '없는 것들'을 택하사 있는 것들을 폐하려 하시나니 _고전 1:26-28

둘째, 늘 성령 안에서 하나님의 사랑을 나타내도록 간구하라

기름부으심의 흐름은 우리 자신을 위한 것이 아니라, 다른 사람을 향한 것이며 이 땅에 하나님의 영광을 나타내는 것입니다. 따라서 우리는 늘 하나님이 주시는 거룩한 부담감에 민감해야 합니다. 즉, 하나님의 사랑의 통로로서 늘 흘려보내는 일에 마음을 쏟아 부어야 합니다. 그 일을 위해서는 성령 안에서 기도할 줄 알아야 합니다. 단순한 마음이나 말의 기도가 아니라, 성령 안에서 기도한다는 것은 "너희가 내 안에 거하고 내 말이 너희 안에 거한다"(요 15:7)는 것과 같으며, 하나님의 뜻대로 하는 기도이며, 기름

부으심의 흐름이 나타나는 기도입니다.

> 모든 기도와 간구로 하되 무시로 성령 안에서 기도하고 이
> 를 위하여 깨어 구하기를 항상 힘쓰며 여러 성도를 위하여
> 구하고 _엡 6:18

**이 기도는 구하는 기도보다 듣는 기도입니다. 기름부으심의
흐름은 하나님의 뜻에 순종할 때 일어나기 때문입니다.**

> 그러므로 예수께서 저희에게 이르시되 내가 진실로 진실로
> 너희에게 이르노니 아들이 아버지의 하시는 일을 보지 않
> 고는 아무것도 스스로 할 수 없나니 아버지께서 행하시는
> 그것을 아들도 그와 같이 행하느니라 _요 5:19

> 나는 아버지 안에 있고 아버지는 내 안에 계신 것을 네가
> 믿지 아니하느냐 내가 너희에게 이르는 말이 스스로 하는
> 것이 아니라 아버지께서 내 안에 계셔 그의 일을 하시는 것
> 이라 _요 14:10

자신의 영광 가운데 지금 말씀하시는 하나님

하나님의 영광은 그분의 생명이며 이 땅의 관점으로 본다면 모든 것을 이룰 수 있는 에너지에 해당합니다. 하나님의 역사는 언제나 그분의 영광의 임재 가운데 이루어집니다. 또 그분의 입에서 나온 말씀에 따라서 이루어집니다. 즉, 지금 우리가 보는 이 세상의 모든 것은 우리 눈에 나타나는 것으로 만들어진 것이 아니라 그분의 영광의 임재 가운데 그분의 말씀으로 이루어졌습니다. 단순하게 무(無)에서 유(有)를 창조하였다기보다 보이지 않는 그분의 말씀으로 모든 피조물이 창조되었다는 것입니다.

> 믿음으로 모든 세계가 하나님의 말씀으로 지어진 줄을 우리가 아나니 보이는 것은 나타난 것으로 말미암아 된 것이 아니니라 _히 11:3

따라서 하나님 영광은 하나님 자신이시며, 그분의 임재야말로 모든 것을 이룰 수 있는 근원이 되는 것입니다. 그러면 그분의 뜻을 나타내는 것이 무엇입니까?

하나님의 영광의 임재 가운데 그분은 말씀으로 자신의 뜻을 이루십니다. 이 말씀은 기록된 로고스가 아니라 그분이 선포하시는 '레마'를 의미합니다. 이것을 잘 이해하시기 바랍니다. 로고스가 레마가 되기 위해서는 하나님의 영광의 임재가 있어야 하며, 하나님의 영광의 임재가 있는 곳에서 로고스가 레마가 됩니다.

하나님의 영광이 모든 형질의 근원이자 원천이라면 말씀은 형질, 방향, 뜻도 나타냅니다. 세상이 지금도 존재하는 것은 창세 이후로 지금까지 바로 그 말씀이 여전히 존재하며, 모든 피조세계에 전달되기 때문입니다. 그분의 말씀은 레마로서 그분의 영광을 통해 모든 피조세계에 전달됩니다. 즉, 모든 피조물에는 그분의 말씀이 담겨 있는 것입니다.

모든 피조물 가운데 녹아 있는 그 말씀에 따라서 모든 피조물이 존재하고 제 역할을 행하며 그분의 뜻을 이루고 있는 것입니다. 모든 피조세계와 피조물은 본래 그분의 뜻을 이루기 위해 그분의 말씀으로 지어졌으며, 지금도 그 형질(혹은 존재) 안에 그분을 찬양하고 경배하며 그분의 뜻을 이루고자 하는 말씀이 전해지고 있습니다.

조상들도 저희 것이요 육신으로 하면 그리스도가 저희에게서 나셨으니 저는 만물 위에 계셔 세세에 찬양을 받으실 하나님이시니라 아멘 _롬 9:5

온 땅이 주께 경배하고 주를 찬양하며 주의 이름을 찬양하
리이다 할지어다(셀라) _시 66:4

인간 역시 마찬가지입니다. 하나님은 말씀으로 우리를 빚으
시고, 우리의 존재 안에 하나님의 뜻을 심어주셨습니다. 우리가
지금도 형체를 가지고 살고 있는 것은, 그리고 우리 안에 절대자
를 경배하고자 하는 마음이 있는 것은 우리가 그분의 말씀으로 지
어졌고, 지금도 하나님이 그분의 말씀으로 우리를 붙들고 계시기
때문입니다.

우리는 한 번의 창조로 떨어져 나간 독립적인 존재가 아니라
창조주와 끊임없는 관계를 갖는 존재입니다. 죄로 인해 무디어졌
고, 잘 알지 못하지만 그 말씀에 의해서 우리는 주께로 돌아가기
를 원합니다. 즉, 주의 뜻대로 살기를 원한다는 것입니다.

모든 피조물에는 하나님의 뜻이 심겨져 있습니다. 하나님의
말씀은 우리의 영을 통해서 들어오고 우리도 우리의 영을 통해서
반응합니다. 그러나 우리가 죄를 짓게 되어 우리의 영은 사탄의
영의 지배를 받게 되었고, 우리가 하나님의 뜻대로 살고, 하나님
의 뜻을 행하고자 하는 마음이 사탄의 지배로 말미암아 제 기능을
하지 못할 뿐만 아니라, 그분의 말씀을 제대로 듣고 반응할 수도
없게 되어버린 것입니다.

따라서 우리가 하나님의 뜻을 알고 하나님의 뜻대로 살기 위해서는 예수 그리스도를 통해서 죄 사함을 받아야 하며, 그분을 통해서 하나님 앞으로 나아가야 합니다. 그것을 통해 우리는 하나님의 영광 가운데 거할 수 있으며, 그분의 말씀을 들을 뿐만 아니라 그분의 뜻대로 살 수 있게 되는 것입니다.

영이신 하나님과의 완전한 만남과 교제

도화지에 일직선을 긋고 줄을 따라가며 과거, 현재, 미래를 표시해보십시오. 그리고 그 위에서 그 도화지에 그은 줄을 내려다보십시오. 우리는 비가역적(非可逆的, 주위 환경에 따라 이리저리 쉽게 변하지 않는) 시간 선상에서 살고 있지만, 시간을 초월하여 계신 하나님에게는 과거, 현재, 미래가 모두 한눈에 보이는 현재일 뿐입니다. 우리는 항상 바로 그 현재의 시간으로 하나님을 만납니다. 믿음도 현재입니다.

예를 들면, 전철이 움직이는 것을 생각해보십시오. 우리가 하나님을 만나지 못하면, 우리는 언제나 크로노스(chronos)의 시간 상에서 로고스의 말씀으로 살아갈 뿐입니다. 그 말씀은 진리의 말씀이지만 내 삶을 변화시키지는 못합니다. 왜냐하면 하나님의 능력이 개입되어 있지 않기 때문입니다. 그런데 하나님은 카이로스(kairos) 하나님으로 우리를 만나주십니다. 바로 카이로스를 통해서 우리에게 주시는 말씀이 바로 레마입니다. 그렇다면 하나님께서는 자신의 영광의 임재가 있는 시공간에서 하나님의 말씀을 통해 역사하시는 것입니다.

이 카이로스 하나님이 어떻게 우리와 교제하십니까? 바로 성령님을 통해서입니다. 이것이 바로 영이요 생명의 실체입니다. 우리가 어떻게 레마를 받을 수 있습니까? 카이로스 하나님께서 자신의 영광으로 우리에게 임재하실 때입니다.

> 너희가 성경에서 영생을 얻는 줄 생각하고 성경을 상고하거니와 이 성경이 곧 내게 대하여 증거하는 것이로다 그러나 너희가 영생을 얻기 위하여 내게 오기를 원하지 아니하는도다 _요 5:39,40

늘 성령 안에서 하나님의 사랑을 나타내도록 간구하기 위해서는 무시로 방언하는 것이 도움이 됩니다. 왜냐하면 방언은 영(靈)의 기도이며 성령을 통한 기도이기 때문입니다. 단순한 방언이 아니라, 내 뱃속 깊은 곳에서 흘러나오는 생수를 따라 방언으로 기도하는 것은 자신을 비우고 기름부으심이 흐르게 하는 매우 유익한 기도입니다.

셋째, 날마다 심어라

날마다 심으십시오. 그러면 언젠가는 날마다 거두게 됩니다. 그런데 우리의 마음은 늘 급합니다. 내가 기도하면 반드시 어떤 일이 일어나야 한다고 생각합니다. 그러나 생각해보십시오. 어떻게 심지도 않은 곳에서 거둘 수 있다고 생각하십니까? 어떻게 심자마자 곡식을 거두려고 하십니까? 지금의 당신은 과거에 당신의 마음에 심었던 것을 거두고 있는 존재입니다. 지금의 삶에서 아무런 하나님의 권능이 나타나지 않는다면 그것은 당신이 심은 것이 부족했기 때문이고, 아직 때가 이르지 않았기 때문입니다.

스스로 속이지 말라 하나님은 만홀히 여김을 받지 아니하시나니 사람이 무엇으로 심든지 그대로 거두리라 _갈 6:7

우리가 선을 행하되 낙심하지 말지니 피곤하지 아니하면 때가 이르매 거두리라 _갈 6:9

또 가라사대 하나님의 나라는 사람이 씨를 땅에 뿌림과 같으니 저가 밤낮 자고 깨고 하는 중에 씨가 나서 자라되 그 어떻게 된 것을 알지 못하느니라 땅이 스스로 열매를 맺되 처음에는 싹이요 다음에는 이삭이요 그 다음에는 이삭에

충실한 곡식이라 _막 4:26-28

　　당신이 마음의 믿음으로, 하나님의 아름다운 덕(德)을 나타낼 기름부으심을 지속적으로 심는다면 언젠가 지속적으로 거두게 될 것이며, 당신의 삶에서 매일 심고 매일 거두는 놀라운 일이 벌어질 것입니다. 할렐루야!

　　여호와께서 가라사대 보라 날이 이를지라 그 때에 밭 가는 자가 곡식 베는 자의 뒤를 이으며 포도를 밟는 자가 씨 뿌리는 자의 뒤를 이으며 산들은 단 포도주를 흘리며 작은 산들은 녹으리라 _암 9:13

Anointing **8**

사랑의 기름부으심을
흘려보내라

기름부으심을 구하는 훈련 나눔 ❷

기름부으심은 어느 누구의 전유물이 아니다

밀양 지역에서 목회하시는 목사님들이 말씀치유집회를 찾아
오신 적이 있습니다. 밀양은 절도 많고 영적 전쟁이 치열한 도시
입니다. 교회가 연합하여 열심히 기도해도 좀처럼 부흥이 일어나
지 않아 새로운 돌파구를 찾다가 하나님께서 집회 강사로 저를 초
청하라는 마음을 주셔서 무작정 찾아오게 되었다고 합니다. 또한
《고맙습니다 성령님》과 《왕의 기도》를 읽고 큰 은혜를 받아 그 책
에 나타나 있는 성령님의 기름부으심을 사모한다고 하시며 밀양
에서 초교파적으로 집회를 열어줄 것을 부탁하셨습니다.

얘기를 듣다보니 밀양의 부흥을 위해 애쓰시는 그 분들의 열정이 느껴졌습니다. 더욱이 성령 사역에 대해 마음이 닫혀 있다고 생각할 수 있는 교단 소속 목사님들까지 오셔서 기름부으심을 받기 원하신다니 나는 개인적으로 놀라웠습니다. 기도하는 가운데 "가라"라는 응답을 받고 기쁜 마음으로 밀양에서 집회를 열기로 결정하고 한마음으로 열심히 기도했습니다. 규장의 여진구 대표도 함께 참석하기로 했고 규장이 특별히 집회를 후원해주었습니다.

집회 당일, 밀양 지역의 연합집회 사상 가장 많은 수의 성도들이 집회에 참석했고 내가 말씀을 전했고 치유 사역을 하며 기름부으심을 흘려보냈습니다. 병으로 고통 받던 많은 사람들이 치유되는 놀라운 하나님의 만지심이 있었습니다. 그런데 집회에 참석한 밀양 지역 목사님들 중에 많은 분들이 기름부으심을 원하면서도 실제로는 마음을 열지 못하는 것이 느껴졌습니다. 아무래도 어려운 여건 속에서 목회를 하다보니 많은 부분에서 막혀 있는 것 같았습니다.

하지만 놀랍게도 집회 가운데 목사님들 안에 막혀 있던 통로들이 열리기 시작했습니다. 그래서 심지어 나중에는 그 목사님들이 다른 성도들을 위해 안수하고 선포기도를 해주셨습니다. 그러자 성도들에게 놀라운 치유의 역사들이 일어나고 기름부으심이 흘러가는 것을 목도하게 되었습니다.

나는 하나님의 사람이라면 누구나 기름부으심을 받을 수 있다고 생각합니다. 단지 우리가 기존의 사고방식이나 우리가 신앙 생활을 한 교단적 신학적인 차이와 선입견 때문에 마음을 열지 못할 뿐입니다. 밀양에서도 목사님들이 마음을 열고 성령님이 임재하시자 치유의 능력이 임하고 말씀의 능력이 임했습니다.

다음 날 나는 목회자 부부들만을 위해 별도의 집회를 열었는데, 그때도 많은 분들에게 하나님의 기름부으심이 임하는 것을 보았습니다. 이처럼 마음을 열고 간절히 구하면 하나님께서 자신의 주권(主權)으로 기름부으심을 부어주십니다. 지금도 나는 밀양 땅이 성령님의 기름부으심으로 새롭게 변화되기를 바라며 계속 기도하며 그곳의 목사님들과 교류하고 있습니다.

그 이후에도 말씀치유집회에는 다수의 신학 교수님들과 많은 목사님들이 오셔서 기도 받고 기름부으심의 통로가 새롭게 열리는 일들이 일어났습니다. 나는 단지 통로일 뿐입니다. 그 분들에게 기름부으심이 흘러가고 그 분들의 은사가 열리고, 그 일을 통해 그 분들의 사역 현장에도 하나님의 기름부으심이 흘러간다고 생각하면 나는 한없이 기쁩니다.

최근에 나는 대한항공 신우회, 규장과 갓피플 등 직장 내 평신도 모임에서 집회를 인도하고 있습니다. 비단 교회뿐만이 아닙니다. 이 사회의 구석구석에서, 직장에서 열심히 일하는 그리스도인들에게, 그 평신도 사역자들에게 기름부으심을 흘려보내는 일은 성령님께서 내게 주신 사명이자 비전입니다. 이 책을 읽는 당신도 성령님의 기름부으심을 받아 가정과 직장, 사회에 그 기름부으심을 흘려보내는 사람이 되기를 기도합니다.

기름부으심이 흘러가는 나눔

나눔은 다른 말로 기름부으심이 나타나 다른 사람에게 흘러가게 하는 기도입니다. 한마디로 말하자면 하나님의 기름부으심이 나의 육신을 뚫고 나타나는 것입니다.

과거 우리는 자신의 내면에 있는 쓴뿌리나 상한 감정들이 들통 나지 않도록, 자신의 낮은 자존감이나 거절감 그리고 수치심을 들키지 않으려고 부인했고, 나의 잘못을 남의 탓으로 돌리는 수많은 방어기제들로 자신을 보호해왔습니다. 성경에는 그것을 '하나님 앞에서 견고한 진'(고후10:4)이라고 표현합니다.

그러나 지금은 내 안을 비워 깨끗케 되었고 예수 그리스도의 보혈로 씻음을 받았습니다. 그리고 그곳을 하나님의 영광으로 채웠습니다. 이제는 우리 안에 있는 하나님의 영광이 그리스도의 몸인 나를 통해서 친히 나타납니다. 그것은 관념이나 상상이 아니라 실체입니다. 또한 이 기름부으심은 시간, 공간 그리고 물질을 초월하여 역사합니다.

당신 안에서 하나님의 영광이 실재적으로 임했는지 임하지 않았는지는 사람의 눈으로는 알 수가 없습니다. 왜냐하면 그것은 영적인 일들이기 때문입니다. 그렇지만 귀신은 잘 압니다. 또한 영적으로 깨어 있는 사람이라면 그것이 뭔지 금세 압니다. 육적으로 사는 사람이 영적인 일을 모르는 것은 당연합니다.

> 육(肉)에 속한 사람은 하나님의 성령의 일을 받지 아니하나니 저희에게는 미련하게 보임이요 또 깨닫지도 못하나니 이런 일은 영적으로라야 분변함이니라 _고전 2:14

그러나 하나님의 영광의 임재하심으로 오랫동안 친밀함을 누린 사람은 그분의 기름부으심이 육신을 통해서 흘러나가는 것과 흘러들어오는 것을 알 수 있습니다.

> 예수께서 그 능력이 자기에게서 나간 줄을 곧 스스로 아시고 무리 가운데서 돌이켜 말씀하시되 누가 내 옷에 손을 대었느냐 하시니 _막 5:30

> 온 무리가 예수를 만지려고 힘쓰니 이는 능력이 예수께로 나서 모든 사람을 낫게 함이러라 _눅 6:19

다만 예수의 옷가에라도 손을 대게 하시기를 간구하니 손
을 대는 자는 다 나음을 얻으니라 _마 14:36

하나님의 영광이 당신의 온 몸을 감쌀 뿐만 아니라 그 기름부
으심이 흘러나갑니다.

어두운 데서 빛이 비춰리라 하시던 그 하나님께서 예수 그
리스도의 얼굴에 있는 하나님의 영광을 아는 빛을 우리 마
음에 비춰셨느니라 우리가 이 보배를 질그릇에 가졌으니
이는 능력의 심히 큰 것이 하나님께 있고 우리에게 있지 아
니함을 알게 하려 함이라 _고후 4:6,7

나를 믿는 자는 성경에 이름과 같이 그 배에서 생수의 강이
흘러나리라 하시니 _요 7:38

기름부으심은 오직 믿음으로 밖으로 흐른다

뱃속 깊숙한 곳에서 생수의 강이 흘러넘치는 것을 믿음의 눈
으로 바라보십시오. 당신에게서 성령의 권능이 나타나는 것을 믿
음의 눈으로 바라보십시오. 예를 들어서, 당신 앞에 당신이 기도
할 대상이 있다고 가정해보십시오. 눈을 감고 기도할 때, 내 심령

에서 하나님의 놀라운 영광의 빛이 흘러나와 내 손을 통해 상대에게 흘러가고 있는 것을 믿음의 눈으로 바라보십시오. 그 기이한 빛에, 하나님의 영광 안에 권능이 실려 있습니다. 비록 우리 눈에 보이지는 않지만 그 광명이 햇빛 같고 그 권능이 그 속에 있는 것을 믿음의 눈으로 바라보시기 바랍니다.

> 그 광명이 햇빛 같고 광선이 그 손에서 나오니 그 권능이
> 그 속에 감취었도다 _합 3:4

모든 하나님의 약속은 오직 우리의 믿음을 통해서만 실재(實在)가 됩니다. 이 믿음은 세상에서 흔히 말하는 믿음이 아니라 영적인 믿음입니다. 내 안에 계신 성령님이 주시는 믿음입니다. 또한 이 믿음은 상대방이나 대상을 향한 마음이 아니라 내 안에 계신 예수님께서 말씀대로 행하신다는 내적 믿음입니다.

세상 사람들은 이 믿음이 무엇인지 도저히 알 길이 없습니다. 왜냐하면 그들 안에는 그리스도의 영이 없기 때문입니다.

그러나 거듭난 사람은 하나님 영광의 임재 안에서 오직 믿음만으로 하나님의 말씀을 실체로 변화시킬 수 있는 기름부으심이 나타난다는 것을 압니다. 거듭난 우리가 이 세상을 이길 수 있는 유일한 무기는 우리 안에 계신 예수님이 그분의 말씀대로 행하신

다는 믿음밖에 없다는 사실을 항상 기억해야 합니다. 나의 능력, 지식, 권력 그리고 어떤 연합도 세상 신의 지배 하에 있는 정사, 권세 그리고 어두움의 세상 주관자를 이길 수 없습니다. 그것을 이길 수 있는 것은 오직 말씀에 순종하는 우리의 믿음밖에 없습니다.

하나님의 영광이 우리 안에 들어오셨고 우리가 그분의 몸이고 그분의 아름다운 생명, 즉 그분의 기름부으심을 흘러나오게 하여 나누는 것은 오직 우리의 믿음입니다. 바깥으로 하나님의 영광이 드러나게 되는 것이고, 그것은 당신의 영과 육이 오직 예수 그리스도 안에서 믿음으로 하나 될 때 가능한 것입니다.

한편, 이 믿음을 이끌어 가는 것은 거룩한 부담감입니다. 우리는 타락 전에 하나님의 생명과 사랑을 이 땅에 나타내는 존재로서 지음을 받았습니다. 타락 후, 우리는 자신을 지키는 존재로 살았지만, 예수 그리스도로 인하여, 진정으로 우리가 죄 사함을 받고 거듭났기 때문에 우리는 다시 그분의 영광과 생명과 사랑을 나타내는 본래적 존재로 변화되었습니다. 그런 사람이 가진 특성이 바로 잃어버린 영혼에 대한 그리고 타락한 피조세계에 대한 거룩한 부담감입니다. 뜻이 하늘에서 이룬 것같이 이 땅에서도 이루어지게 하려는 부담감, 바로 그것이 우리의 믿음을 늘 새롭게 합니다.

나의 도움이 필요한 가족, 이웃, 동료들에게 하나님께서 주신 기름부으심을 흘려보내십시오. 믿음으로 아픈 이를 위해 기도하며, 어려움에 처한 이를 위해 중보해주십시오. 비단 기도뿐만이 아니라 근심하는 자에게 위로해주고 외로워하는 자들을 품어주고 헐벗은 이웃에게 물질을 나누어주는 것도 기름부으심을 흘려보내는 일이며 예수 그리스도의 사랑을 실현하는 나눔입니다.

우리 심령에 사랑의 법을 쓰셨다!
예수 그리스도께서 주신 새 언약의 계명은 사랑입니다. 하나님의 사랑이 바로 하나님의 생명이며 바로 그것이 창조의 권능일 뿐만 아니라 우리를 고치시는 치유의 능력이기도 합니다.

새 계명을 너희에게 주노니 서로 사랑하라 내가 너희를 사랑한 것같이 너희도 서로 사랑하라 너희가 서로 사랑하면 이로써 모든 사람이 너희가 내 제자인 줄 알리라

_요 13:34,35

피차 사랑의 빚 외에는 아무에게든지 아무 빚도 지지 말라 남을 사랑하는 자는 율법을 다 이루었느니라 간음하지 말라, 살인하지 말라, 도적질 하지 말라, 탐내지 말라 한 것과

그 외에 다른 계명이 있을지라도 네 이웃을 네 자신과 같이 사랑하라 하신 그 말씀 가운데 다 들었느니라 사랑은 이웃에게 악을 행치 아니하나니 그러므로 사랑은 율법의 완성이니라 _롬 13:8-10

너희는 우리로 말미암아 나타난 그리스도의 편지니 이는 먹으로 쓴 것이 아니요 오직 살아 계신 하나님의 영(靈)으로 한 것이며 또 돌비에 쓴 것이 아니요 오직 육(肉)의 심비(心碑)에 한 것이라 _고후 3:3

예수 그리스도께서 우리에게 주신 새 계명은 구약의 계명처럼 돌판에 먹으로 쓴 것이 아니라 예수 그리스도께서 우리 안에 임하심으로써 그분이 우리의 심령에 쓰셨습니다. 그것이 바로 사랑입니다. 구약의 율법과 계명은 죄를 짓지 않기 위해, 의로운 자가 되기 위해 우리가 지켜야 할 법이었습니다.

율법 안에서 의롭다 함을 얻으려 하는 너희는 그리스도에게서 끊어지고 은혜에서 떨어진 자로다 _갈 5:4

그러나 우리가 잘 알고 있는 것처럼 의롭다 하심은 오직 믿음으로 받는 것이지 우리가 율법을 지키고 계명을 지킴으로써 자신의 행위와 노력으로 선한 삶을 살 수 있는 것이 아닙니다. "의인은 없나니 하나도 없으며"(롬 3:10) "오직 의인은 믿음으로 말미암아 살리라"(롬 1:17)고 했기 때문입니다.

신약의 새 언약은 내가 죽었고 내 안에 예수 그리스도께서 들어오심으로써 그분이 내 심령에 새 계명을 기록하여 이제는 우리가 지켜야 될 법이 아니라 내 안에 계신 예수 그리스도께서 나를 통해 이루시는 약속입니다. 신약의 새 언약은 의로운 자로서 이 땅에 주의 뜻을 이루기 위해 행해야 할 계명입니다.

법대로 살아라

당신이 정말 죄 사함을 받았고 거듭났고 의로운 자가 되었고 그리스도 안에서 새로운 피조물이 되었으며 하나님나라의 백성이라면 당신은 하나님나라에서 예수 그리스도를 통해 주신 새 언약에 순종하는 삶을 살아야 합니다. 당신이 하나님나라의 백성이고 하나님나라에 거주하면서도 여전히 이 세상에서 죄인들이 사는 것과 같은 삶에 묶여 있다면, 이 땅에서 당신의 삶은 당연히 풍성하지 않을 것이며 새 생명도 누릴 수 없습니다.

당신이 하나님나라의 백성이라면 하나님나라의 법에 순종해야 하고 그것을 지켜야 합니다. 그러나 의인으로서 하나님나라의 백성으로서 살고 있는데도 여전히 구습(舊習)을 잊지 못하고 거기에 사로잡혀서 살아가는 사람이 얼마나 많은지 모릅니다. 당신이 미국에 이민 와서 한국법대로 계속 살려고 하니 그 삶이 어떻겠습니까?

> 주께서 가라사대 그날 후로는 저희와 세울 언약이 이것이라 하시고 내 법을 저희 마음에 두고 저희 생각에 기록하리라 하신 후에 _히 10:16

예수 그리스도께서 우리 안에 오심으로써 그분이 우리에게 약속하신 새 언약, 그 사랑의 법 또한 우리 안에 왔습니다.

> 예수를 죽은 자 가운데서 살리신 이의 영이 너희 안에 거하시면 그리스도 예수를 죽은 자 가운데서 살리신 이가 너희 안에 거하시는 그의 영으로 말미암아 너희 죽을 몸도 살리시리라 _롬 8:11

이 말씀의 뜻은 죽은 예수 그리스도를 살리신 그 하나님의 영이 우리 안에 있으므로 우리의 죽을 몸도 살리시리라는 것입니다.

새 언약인 사랑의 법은 결코 우리의 육신으로는 지킬 수 없습니다. 영을 좇아 행할 때 비로소 지킬 수 있습니다. 성령의 소욕에 사로잡혀야 지킬 수 있습니다. 성령의 계시를 들어야만 그 사랑을 이 땅에서 이루어나갈 수 있습니다.

하나님나라의 법은 오직 사랑이다

성경에 나타나는 사랑은 주로 세 가지입니다. 우리가 흔히 말하는 육체적 사랑, 남녀간의 사랑에는 '에로스'를 씁니다. '필레오'의 사랑은 대부분 부모가 자식을 사랑하는 사랑, 우정의 사랑, 사람과 사람끼리 나누는 사랑을 가리킵니다. 그러나 하나님이 우리를 사랑하시는 사랑은 '아가페' 사랑으로 불립니다. 신적(神的)인 사랑, 거룩한 사랑에는 주로 이 아가페를 쓰고 있습니다. 하나님의 생명인 아가페의 사랑이 지금 우리 안에 들어와 있다는 것입니다.

그 사랑은 하나님의 본질이며 하나님의 생명입니다. 그 사랑이 나타나야지 내 사랑으로는 나 자신을 바꿀 수 없고 이 세상을 바꿀 수도 없고 하나님을 영화롭게 할 수도 없습니다. 하나님의 사랑인 아가페 사랑 가운데 거하는 것이 바로 우리에게 주신 새 계명입니다.

> 또 사랑은 이것이니 우리가 그 계명을 좇아 행하는 것이요
> 계명은 이것이니 너희가 처음부터 들은 바와 같이 그 가운
> 데서 행하라 하심이라 _요이 6

내가 할 수 있는 사랑을 하는 것이 아니라 내 안에 오신 그리스도, 우리에게 주신 성령으로 말미암아 하나님의 사랑이 우리 마음에 부은 바 되었고 그 사랑을 흘려보내는 것이 신약의 새 언약, 새 계명이며 그것이 바로 율법의 완성이라고 말씀하십니다. 누구든지 율법을 온전히 지킬 수 있는 사람은 없습니다. "네 이웃 사랑하기를 네 몸같이 하라"(갈 5:14) 하신 그 최고의 법을 지키는 것이 모든 구약의 율법을 이룬다고 말씀하셨고 그것이 온 율법과 선지자의 강령이라고 말씀합니다.

> 너희가 만일 경에 기록한 대로 네 이웃 사랑하기를 네 몸과
> 같이 하라 하신 최고한 법을 지키면 잘하는 것이거니와…
> 너희는 '자유의 율법대로' 심판 받을 자처럼 말도 하고 행
> 하기도 하라 _약 2:8,12

예수께서 가라사대 네 마음을 다하고 목숨을 다하고 뜻을 다하여 주 너의 하나님을 사랑하라 하셨으니 이것이 크고

첫째 되는 계명이요 둘째는 그와 같으니 네 이웃을 네 몸과 같이 사랑하라 하셨으니 이 두 계명이 온 율법과 선지자의 강령이니라 _마 22:37-40

특별히 야고보서 2장 12절에 "너희는 자유의 율법대로 심판 받을 자처럼 말도 하고 행하기도 하라"고 기록되었는데 NLT 영어 성경에는 놀랍게도 이렇게 기술되어 있었습니다.

"So whenever you speak, or whatever you do, remember that you will be judged by the law of love, the law that set you free."

우리가 이 땅에 사는 동안 하나님의 자녀로서 그리스도인으로서 "말할 때 언제든지 무슨 일을 할 때라도 너희는 너희를 자유롭게 하는 사랑의 법에 의해 판단 받을 것임을 기억하라!"는 것입니다.

당신은 매일 당신의 삶 속에서 무엇을 기준으로 살고 있습니까? 하나님나라의 기준은 하나밖에 없습니다. '사랑의 법', 그것은 인간의 사랑이 아니라 하나님의 사랑입니다. 성령이 내 안에 오심으로써 그리스도의 영의 본질이자 생명인 사랑이 나를 통해서 흘러가느냐 하는 문제입니다.

이 사랑의 법은 하나님의 법으로서 우리가 우리 노력으로 억지로 수행할 수 있는 법이 아닙니다. 우리의 소유도 특성도 아니기 때문입니다.

우리가 이 땅에서 하나님을 위해 무엇을 얼마나 많이 했는지로 판단 받는 것이 아니라, 무슨 일을 하든지 간에 그 사랑을 흘려보내고 그 사랑이 나타날 때 그것으로 우리는 이 땅에서의 삶을 판단 받게 된다는 사실을 기억해야 합니다.

나를 사랑하느냐?

나는 요한복음 21장을 읽을 때마다 흥분이 됩니다. 디베랴 바다로 가서 고기를 잡는 제자들을 위해 해변에서 숯불을 피우고 떡과 고기를 구워 조반을 준비하신 예수님이 베드로에게 이렇게 물으셨습니다.

"네가 나를 사랑하느냐?"

헬라어로 이 말을 살펴보면, 이때 예수님은 베드로에게 아가페의 사랑으로 당신을 사랑하는지 물으셨습니다. 그런데 베드로가 그렇다고 대답한 사랑은 필레오입니다. 예수님이 두 번째 베드로에게 "네가 나를 사랑하느냐?"라고 또 아가페로 물으실 때도 베드로는 필레오로 "내가 주를 사랑하는 줄 주께서 아시나이다"

라고 대답했습니다. 마지막 세 번째는 예수님께서 필레오로 물으셨고, 베드로는 똑같이 필레오로 대답했습니다.

이때 나는 필레오의 사랑밖에 고백하지 못한 그 베드로가 오순절 성령 강림 이후, 즉 그리스도의 영이 들어온 다음 어떻게 변화되었는지 정말 궁금했습니다. 성경을 찾아보니 놀랍게도 베드로전서 1장 8절에서 베드로의 변화된 사랑을 확인할 수 있었습니다.

> 예수를 너희가 보지 못하였으나 사랑하는도다 이제도 보지 못하나 믿고 말할 수 없는 영광스러운 즐거움으로 기뻐하니 _벧전 1:8

> 무엇보다도 열심으로 서로 사랑할지니 사랑은 허다한 죄를 덮느니라 _벧전 4:8

이때 베드로가 "예수를 너희가 보지 못하였으나 사랑하는도다"라고 말한 사랑은 아가페였습니다. 예수 그리스도를 세 번이나 부인하고도 인간적인 사랑만을 고백할 수밖에 없었던 베드로에게 그리스도의 영이 임하자 비로소 아가페의 사랑을 말하는 자가 되었다는 것입니다.

내 안에 계신 그리스도의 생명이 나를 통해 나타나는 그 사랑이 오늘 나와 다른 사람을 치유할 수 있고 세상을 바꿀 수 있고 하나님께 영광을 올려드릴 수 있다는 것입니다. 이 사랑이 얼마나 놀랍습니까?

손잡아주세요!

소망이 부끄럽게 아니함은 우리에게 주신 성령으로 말미암아 하나님의 사랑이 우리 마음에 부은 바 됨이니 _롬 5:5

우리는 너무나 오랫동안 부끄러운 소망만을 가져왔습니다. 왜냐하면 소망은 소망일 뿐 소망이 실재(實在)로 변화되지 않았기 때문입니다. 그것은 죽은 소망입니다. 소망이 부끄럽지 않으려면 소망에 대한 실체가 있어야 합니다.

우리는 너무나 오랫동안 우리에게 살아 계신 하나님, 예수 그리스도가 우리와 함께 계심에도 불구하고 우리의 소망을 죽은 소망으로 여겨왔습니다. 그러나 우리 안에 그리스도의 영이 있고 그 하나님의 사랑이 우리 마음에 부은 바 되었다면 이제 더 이상 소망은 부끄럽지 않아야 합니다. 우리가 그 소망을 부끄러워한 것은 성령이 누구인지 알지 못했고 그 성령의 본질인 하나님의 사랑이 우리 마음에 부어져서 우리를 통해 흘러가는 것이 무엇인지 몰랐기 때문입니다.

나는 지금 이 책을 읽는 당신이 그 자리에 임하신 성령으로 말미암아 하나님의 사랑이 당신의 온몸을 뒤덮기를 소망합니다. 그 사랑이 당신의 가족에게 흘러가기를 원합니다. 그 사랑을 하나님께 다시 올려드리기를 원합니다. 그 사랑이 온 세상으로 흐르기를 원합니다. 지금 당신이 사랑하는 가족이나 친구, 동료, 형제자매님들의 손을 믿음으로 한번 잡아보십시오. 성령으로 말미암아 당신의 마음에 부은 바 된 하나님의 사랑이 당신의 머리끝부터 발끝까지 당신을 전율시킬 뿐만 아니라 손을 잡은 그 사람에게도 흘러갈 것입니다.

하나님의 사랑은 흘러가야 합니다. 하나님의 생명은 흘러가야 합니다. 하나님의 생명이 흘러갈 때에 그곳에 생명이 새롭게 되고 치유케 되고 회복케 되는 역사가 일어납니다. 이것이 바로 기름부으심의 비밀이기도 합니다. 저는 저를 통해 하나님의 사랑이 흘러가는 것을 알았기 때문에 가능한 한 많은 분들의 손을 잡습니다. 믿음으로 하나님의 생명을 흘려보내는 것입니다. 그것이 나의 전도 방법입니다.

하나님의 생명수가 흐르는가?

에스겔서에서는 이 하나님 생명의 흐름이 얼마나 중요한지를 비유적으로 잘 보여주고 있습니다.

그가 나를 데리고 전 문에 이르시니 전(殿)의 전면이 동(東)을 향하였는데 그 문지방 밑에서 물이 나와서 동으로 흐르다가 전 우편 제단 남(南)편으로 흘러내리더라 그가 또 나를 데리고 북문으로 나가서 바깥 길로 말미암아 꺾어 동향한 바깥문에 이르시기로 본즉 물이 그 우편에서 스미어 나오더라 그 사람이 손에 줄을 잡고 동으로 나아가며 일천 척을 척량한 후에 나로 그 물을 건너게 하시니 물이 발목에 오르더니 다시 일천 척을 척량하고 나로 물을 건너게 하시니 물이 무릎에 오르고 다시 일천 척을 척량하고 나로 물을 건너게 하시니 물이 허리에 오르고 다시 일천 척을 척량하시니 물이 내가 건너지 못할 강이 된지라 그 물이 창일하여 헤엄할 물이요 사람이 능히 건너지 못할 강이더라 그가 내게 이르시되 인자야 네가 이것을 보았느냐 하시고 나를 인도하여 강 가로 돌아가게 하시기로 내가 돌아간즉 강 좌우편에 나무가 심히 많더라 그가 내게 이르시되 이 물이 동방으로 향하여 흘러 아라바로 내려가서 바다에 이르리니 이 흘러내리는 물로 그 바다의 물이 소성함을 얻을지라 이 강 물이 이르는 곳마다 번성하는 모든 생물이 살고 또 고기가 심히 많으리니 이 물이 흘러들어가므로 바닷물이 소성함을 얻겠고 이 강이 이르는 각처에 모든 것이 살 것이며 또 이 강 가에 어부가 설 것이니 엔게디에서부터 에네글라임까지 그물 치는 곳이 될 것이라 그 고기가 각기 종류를 따라 큰 바다의 고기 같이 심히 많으려니와 그 진펄과 개펄은 소성 되지 못하고 소금 땅이 될 것이며 _겔 47:1-11

하나님의 사랑이 흐르는 곳에서는 바닷물이 소성(蘇醒)되고 고기가 많고 각처의 생명들이 살아나지만, 개펄(웅덩이, 저수지) 과 진펄(늪, 수렁)에 들어간 물은 흐르지 않기 때문에 결코 그곳 을 소성시키지 못합니다. 그곳에는 생명도 회복도 새로움도 없 습니다.

혹시 이 글을 읽는 독자 가운데 영육 간에 문제로 오랫동안 기 도하고 간구했지만 아무런 변화가 없는 분이 있습니까? 기름부으 심과 은사를 위해서 오랫동안 기도했지만 아무것도 얻지 못한 분 이 계십니까? 혹시 그런 분이 있다면 당신에게 하나님의 영광의 임재를 위해 기도한 시간(마음)과 임한 하나님의 생명인 사랑을 당 신을 통해 흘려보낸 시간(마음)을 비교해보십시오. 하나님의 사랑은 분명히 당신에게 임하지만 만약 당신의 마음이 개펄과 진펄이 되었다면 당신뿐만 아니라 다른 사람도 소성시킬 수 없습니다. 그곳에는 생명도 회복도 새로움도 없는 것입니다.

육신이든 마음이든 어떤 부분에 질병이 있다면, 근원적으로 볼 때 그 원인은 그곳에 하나님의 사랑이 흐르지 못하기 때문입니다. 하나님의 사랑의 흐름을 막고 있는 모든 죄, 죄악, 불법, 용서하지 못함 그리고 잘못된 생각이나 습성, 태도 등을 회개하고 그곳에 하나님의 사랑을 흘려보내보십시오. 하나님의 사랑이 흐르는 곳에서는 생명이 회복되고 소성됩니다. 하나님의 사랑이 흐를 때라야 비로소 모든 것이 새로워집니다.

강 좌우 가에는 각종 먹을 실과나무가 자라서 그 잎이 시들지 아니하며 실과가 끊이지 아니하고 달마다 새 실과를 맺으리니 그 물이 성소로 말미암아 나옴이라 그 실과는 먹을 만하고 그 잎사귀는 약 재료가 되리라 _겔 47:12

내 백성이 두 가지 악을 행하였나니 곧 생수의 근원되는 나를 버린 것과 스스로 웅덩이를 판 것인데 그것은 물을 저축치 못할 터진 웅덩이니라 _렘 2:13

그러나 이제 우리는 예수 그리스도와 연합하여 죽음으로써 그리스도의 영이 우리 안으로 들어왔고 생수의 근원이 다시금 우리 안에 있고 이제는 뱃속 깊숙한 곳에서 생수의 강이 흘러넘칩니다(요 7:38).

이 생명은 반드시 흘러야 합니다. 기름부으심의 비밀은 바로 하나님 사랑의 흐름입니다.

이 말씀은 요한계시록 22장에도 동일하게 나와 있습니다.

> 또 저가 수정같이 맑은 생명수의 강을 내게 보이니 하나님과 및 어린양의 보좌로부터 나서 길 가운데로 흐르더라 강 좌우에 생명나무가 있어 열두 가지 실과를 맺히되 달마다 그 실과를 맺히고 그 나무 잎사귀들은 만국을 소성하기 위하여 있더라 _계 22:1,2

하나님의 사랑이 흐르지 않는 곳에 죄가 있고 죄가 있는 곳에 사탄의 합법적인 권리가 있고 사탄의 합법적인 권리가 있는 곳은 하나님의 나라가 아닌 사탄의 권세 아래 있게 됩니다. 그곳은 죄가 있기 때문에 하나님의 사랑이 흐를 수 없습니다. 하나님의 사랑이 흐르지 않는 곳은 썩게 마련입니다. 질병과 죽음이 있을 뿐입니다. 그곳에는 영생(永生)이 없습니다.

그러나 하나님의 생명이 흐르는 곳에서는 소성케 되고 생명이 새로워집니다. 당신이 하나님의 영광의 통로인지 아니면 음산하고 칙칙한 저수조인지 스스로 확인해보시기 바랍니다.

당신이 기름부음의 영광의 통로가 되어 기름부으심을 흘려보내면 그 영광의 통로는 점점 크고 넓어질 것이며 하나님께서 그것을 들어쓰실 것입니다.

감사와 사랑을 드려서
하나님을 영화롭게 하라
기름부음을 구하는 훈련 드림

하나님의 생명 메커니즘

하나님의 기름부으심을 받은 우리는 하나님의 사랑, 하나님의 생명을 주신 그분에게 그분의 사랑과 생명을 다시 돌려드려야 합니다.

그런데 많은 분들이 하나님의 생명 안에 있는 능력을 이 땅에서 사용하기를 소망하면서, 그 생명의 흐름이 어떻게 작동하는지는 잘 모르는 것 같습니다. 하나님의 생명인 사랑은 흐름이고, 그 흐름을 통해서 지속적인 역사가 일어나기 위해서는 하나님과 우리의 관계가 연결되어야 합니다.

예를 들어, 건전지를 사용하여 꼬마전구에 불을 켠다고 생각해보십시오. 전선의 한쪽을 건전지의 양(+)극에 연결하고 다른 한쪽은 전구에 연결하는 것만으로는 전구에 불이 들어오지 않습니다. 왜냐하면 반대쪽도 전선의 한끝이 건전지의 음(-)극과 전구의 다른 한쪽에 연결되어야 하기 때문입니다. 건전지의 파워가 아무리 강하다고 해도 전구의 한쪽 선이 마저 건전지와 연결되지 않으면 아무 일도 일어나지 않습니다.

우리는 하나님의 자녀입니다. 하나님은 우리에게 생명을 나누어주기를 원하십니다. 하나님께서 우리를 먼저 사랑하셨습니다. 그렇지만 하나님께서는 그 사랑이 일방적인 사랑이 되는 것을 원치 않으십니다. 그래서 우리에게 예수님을 보내주셨습니다.

하늘에 있는 것이나 땅에 있는 것이 다 그리스도 안에서 통일되게 하려 하심이라 _엡 1:10

하나님도 하나이시니 곧 만유의 아버지시라 만유 위에 계시고 만유를 통일하시고 만유 가운데 계시도다 _엡 4:6

하나님께서는 예수 그리스도를 우리를 위한 화목제물로 삼으시고 다시 우리와 사랑을 나누기를 원하십니다. 하나님은 만유 위에 계셔서 예수 그리스도의 사랑 안에서 통일되기를 원하십니다.

우리는 하나님의 자녀입니다. 당신의 자녀를 한번 생각해보십시오. 당신은 자녀와 어떤 관계를 원하십니까? 돈만 주고 필요하다는 요구만 들어주기 원하십니까? 아닐 겁니다. 또는 억지로 사랑 받기를 원하십니까? 그것도 아닐 겁니다. 부모와 자녀가 서로 인격적으로 사랑을 나누기를 원치 않겠습니까? 부모의 사랑에 그 자녀가 인격으로 사랑으로 화답할 때마다 더 많은 것들을 부어주기를 원치 않겠습니까?

하나님의 생명은 사랑이고 하나님은 그 사랑을 자녀에게 흘려보낼 뿐만 아니라 자신의 자녀가 그 사랑을 다시금 하나님께 감사와 영광으로 돌려드리기를 바라십니다. 그것을 기뻐하십니다. 하나님의 자녀인 우리가 마땅히 그렇게 해야 하는 것입니다.

> 감사로 제사를 드리는 자가 나를 영화롭게 하나니 그 행위를 옳게 하는 자에게 내가 하나님의 구원을 보이리라
>
> _시 50:23

> 기쁨으로 여호와를 섬기며 노래하면서 그 앞에 나아갈지어다 … 감사함으로 그 문에 들어가며 찬송함으로 그 궁정에 들어가서 그에게 감사하며 그 이름을 송축할지어다
>
> _시 100:2,4

범사에 감사하라 이는 그리스도 예수 안에서 너희를 향하
신 하나님의 뜻이니라 _살전 5:18

하나님을 사랑하라

그런데 많은 사람들이 그 사랑을 받기만 하지 돌려드릴 줄 모
릅니다.

네 마음을 다하고 목숨을 다하고 뜻을 다하고 힘을 다하여
주 너의 하나님을 사랑하라 하신 것이요 둘째는 이것이니
네 이웃을 네 몸과 같이 사랑하라 하신 것이라 이에서 더
큰 계명이 없느니라 _막 12:30,31

우리가 기름부으심을 받게 되는 흐름에는 중요한 비밀이 두
가지 있습니다.

첫째, 당신 안에 들어온 사랑을 다른 사람에게 흘려보내야 합
니다.

둘째, 당신 안에 들어온 사랑을 하나님께 감사와 찬양과 영광
으로 돌려드려야 합니다. 그만큼 우리가 하나님께 받은 사랑을 표
현하는 것이 중요합니다.

기름부으심이 필요한 것은 하나님의 뜻을 이 땅에 이루기 위

해서입니다. 이 땅에서 하나님의 뜻을 이루는 것을 사역이라고 하는데, 사역에는 두 가지가 있습니다. 하나는 하나님에 대한 사역(ministry to God)이고, 다른 하나는 다른 사람에 대한 사역(ministry to other people)입니다. 하나님에 대한 사역이란 한마디로 '경배와 찬양'입니다. 그것은 입술을 통해서도 행할 수 있지만 깊은 임재 가운데서도 할 수 있습니다. 하나님이 주신 사랑에 감사하며 그 사랑을 다시 그분께 돌려드리는 것입니다.

둘 중 어느 하나라도 소홀히 해서는 안 됩니다. 우리가 다른 사람을 위해서 한 시간 동안 사역했다면 그와 비례해서 아니 그 이상으로 하나님을 위한 사역을 해야 합니다. 받은 사랑을 하나님 께 다시 돌려드리는 그 비밀을 간직하십시오. 하나님의 생명은 사랑이고 사랑은 나누는 것입니다. 결코 일방적이지 않습니다.

당신의 소망을 다시 한번 생각해보십시오. 당신의 소망은 결코 죽은 소망이 아닙니다. 그 소망이 부끄럽지 않고 그 소망이 이루어집니다. 당신은 하나님이 주신 사랑을 얼마나 흘려보냈습니까? 또한 당신은 하나님이 주신 그 사랑에 얼마나 감사하고 그 하나님께 영광을 올려드렸습니까?

전구의 불은 전구의 양쪽 선이 건전지의 양극에 모두 연결되어야 들어옵니다. 어느 한쪽 선에만 연결된다면 불이 들어오지 않습니다. 반드시 나머지 한쪽 선까지 연결되어서 전류가 흐를 때

전구에 빛이 들어온다는 것을 기억하십시오. 하나님께서 주신 사랑에 진정으로 감사하고 그 사랑을 마음껏 돌려드리는 것이 기름 부으심의 놀라운 비밀입니다.

하나님의 사랑이 흐르기만 하면!

스스로를 점검해보십시오. 당신은 당신 안에 들어오신 그리스도의 영, 하나님의 사랑, 하나님의 생명을 당신의 머리끝부터 발끝까지 얼마나 흘려보냈습니까? 자기를 사랑하는 만큼 이웃을 사랑해보았습니까? 받기에만 급급하고 어떻게라도 내 문제만 해결 받겠다고 아등바등하지는 않았는지요? 설령 당신이 고통 중에 있더라도 당신 안에 부어주신 그 사랑을 얼마라도 흘려보낸 적이 있습니까? 사랑의 흐름, 사랑의 능력은 흘러가는 데 있습니다.

감사로 하나님께 제사를 드리며 지극히 높으신 자에게 네 서원을 갚으며 환난 날에 나를 부르라 내가 너를 건지리니 네가 나를 영화롭게 하리로다 _시 50:14,15

이러므로 우리가 예수로 말미암아 항상 찬미의 제사를 하나님께 드리자 이는 그 이름을 증거하는 입술의 열매니라 오직 선을 행함과 서로 나눠주기를 잊지 말라 이 같은 제사

는 하나님이 기뻐하시느니라 _히 13:15,16

지금 당신은 우울과 슬픔 속에 고통 받고 있습니까? 혹시 당신은 나에게 왜 기름부음을 주시지 않는지 불평하고 있지는 않습니까? 어쩌면 당신은 늘 당신만으로 만족하고 당신 문제만으로 평생을 보내오지 않았습니까? 당신이 받은 사랑을 그냥 값없이 줘본 적은 몇 번이나 되십니까? 당신의 마음에 상처가 있습니까? 당신은 당신을 사랑한 적이 있습니까? 이제 당신은 당신 것이 아니라 하나님의 것이기 때문에 진정으로 사랑해야 합니다.

당신은 얼마의 시간을 할애하여 하나님의 사랑을 다른 사람에게 흘려보냈습니까? 하나님께서 당신에게 값없이 주신 그 사랑을 찬미의 제사로 아버지께 드려보셨습니까? 당신의 마음이 하나님의 사랑이 흐르지 않는 개펄과 진펄이 아닌지 돌아보십시오. 혹 쓴뿌리가 없는지, 상처는 없는지 기름부으심을 막는 강퍅한 벽은 없는지 자신의 삶을 돌아보시기 바랍니다.

이번에는 당신의 육신을 생각해보십시오. 내 마음은 드리고 내 영은 드릴 수 있지만 내 육신은 자기 거라고 생각하지는 않았습니까? 마음대로 학대하고 마음대로 쓰지 않았습니까? 하나님의 뜻을 위하여, 하나님의 일에 쓰지 않고 당신의 정욕과 육체의 소욕대로 잘못 쓰지는 않았습니까? 하나님의 뜻을 이루기 위해 얼마의 시간을 내어 당신의 몸을 관리했는지 그래서 그 사랑을 전해봤는지 돌아보십시오. 온몸으로 하나님께 얼마나 감사와 찬양을 올려드렸습니까? 거저 받은 그 사랑을 얼마나 돌려드렸습니까?

혹시 당신은 가난 때문에 고통 받고 있습니까? 당신의 소유를 얼마만큼 하나님의 뜻에 합당하게 흘려보냈습니까? 하나님께 받은 물질에 감사하여서 하나님의 나라를 위해서 당신의 물질을 써보았습니까? 거기로 하나님의 물질을 흘려내십시오. 하나님께 그 물질을 다시 돌려보낼 때 더 풍성한 것으로 채워지는 것을 경험해보았습니까?

당신이 하나님의 사랑을 다른 사람들에게 흘려보낼 뿐만 아니라 하나님께 다시 흘려보낼 때, 그 생명수의 근원인 하나님의 보좌로부터 끝없이 생명이 흘러나와 우리를 새롭게 하고, 소생케 하고, 회복시킬 것입니다. 그 사랑이 우리 안에서 폭포수처럼 흐르고 있습니다. 그래서 우리가 서로 죄를 고백할 때, 우리에게 치유가 일어나기도 합니다. 사랑이 허다한 죄를 덮게 되고, 나로 말미암아 내 가족과 이웃이 변화되는 것은 하나님의 사랑의 흐름 때문입니다.

예수 그리스도께 초점을 맞춰라

당신의 문제에 초점을 맞추지 말고 예수 그리스도에게 초점을 맞추십시오. 당신의 영혼과 육신의 환부에 하나님의 사랑을 계속 흘려보내시고 기도하고 구한 것은 받은 줄로 믿으십시오. 한 번 전류를 흘려보내고 난 다음 불이 켜졌나 안 켜졌나 바라보고, 또 한 번 보내고 나서 불이 켜졌나 안 켜졌나 바라보는 일은 하지 마십시오. 불이 켜지고 안 켜지는 것은 하나님이 하실 일이지 당신이 할 수 있는 일이 아닙니다.

당신이 할 일은 그 일을 하실 수 있는 예수 그리스도 한 분에게 초점을 맞추어 그분이 그 일을 하시리라 믿는 믿음을 붙잡는 것입니다. 그분으로부터 나온 생명이 나의 온 머리끝부터 발끝까지 적시고 다시금 그분에게 올라가도록 감사하고 경배하고 찬양하십시오. 당신을 새롭게 하신 주님께 감사하십시오. 당신의 육신을 깨끗케 하셨음을 감사하십시오. 주님의 뜻을 이루는 몸으로 변화시켜주신 것을 감사하십시오.

영원한 생명이신 하나님께서 모든 인간과 피조세계에 그분의 사랑을 흘려보내고 계십니다. 거듭난 자는 믿음으로 그 사랑을 받아 자신의 영육 전부에 온전히 흘려보내고, 또한 그 사랑을 다른 사람과 모든 피조세계에 흘려보내야 합니다. 그리고 나 뿐만 아니라 더 많은 성도들과 피조세계가 하나님께 영광과 감사와 찬양으로 그 사랑이 다시 그분에게 흘러가도록 해야 합니다. 이 비밀을 놓치지 마시고 기름부으심을 구하십시오.

우리의 피조세계는 여전히 저주 가운데 놓여 있습니다. 정말이지 모든 피조세계도 하나님께 영광을 돌리도록 해야 합니다. 지금 그렇지 못한 이유는 인간의 죄와 불법으로 인하여 피조세계가 저주를 받았기 때문입니다. 우리는 우리의 죄를 회개하고 예수 그리스도의 보혈로 덮고 온 피조세계에 주님의 생명이 흐르도록 회복시켜야 합니다. 온 세상의 모든 피조세계가 다시 하나님께 영광과 찬송을 돌려드리도록 해야 합니다. 그래서 하늘과 땅에 속한 모든 것이 예수 그리스도로 인하여 통일되도록 해야 합니다.

> 피조물의 고대하는 바는 하나님의 아들들의 나타나는 것이니 피조물이 허무한 데 굴복하는 것은 자기 뜻이 아니요 오직 굴복케 하시는 이로 말미암음이라 그 바라는 것은 피조물도 썩어짐의 종노릇 한 데서 해방되어 하나님의 자녀들의 영광의 자유에 이르는 것이니라 피조물이 다 이제까지 함께 탄식하며 함께 고통하는 것을 우리가 아나니
>
> _롬 8:19-22

마지막으로 성령님이 당신을 사로잡을 때까지 에베소서 1장 1-14절을 읽고 또 읽어보십시오. 하나님의 사랑을 드리는 훈련의 비밀을 알게 될 것입니다.

Anointing   하나님을 믿으십시오. 예수 그리스도의 피값을 믿으십시오. 성령님의 역사하심을 믿으시기 바랍니다. 하나님의 기름부으심은 오직 믿음을 따라 내 안으로 흘러 들어옵니다. 더 이상 하나님을 의심하거나 시험하지 말고 당신의 믿음을 보이십시오. 구원도 오직 믿음이요 치유도 오직 믿음이며 기름부으심도 오직 믿음입니다.

오직
믿음으로

Anointing **10**

오직 믿음으로
기름부으심을 간절히 구하라

기름부어주실까?

하나님은 당신에게 기름부어주실 능력이 있습니다. 그분은 당신에게 기름부어, 거룩하게 구별하여 권능을 주시고 주님의 일꾼으로 쓰시길 원하십니다. 우리는 하나님께서 기름부어주실 능력이 있고 우리를 만드셨고 이 모든 피조세계를 다스리신다는 사실은 믿어 의심치 않습니다. 그러나 "하나님께서 '오늘' '이 시간에' '나에게' 기름부어주실까?"라는 것은 완전히 별개의 질문이 됩니다.

하나님은 당신을 기름부어주실 능력이 있을 뿐만 아니라 반드시 당신을 쓰시리라는 믿음을 가지십시오. 왜냐하면 하나님께서 당신을 기름부어주시는 것은 당신의 행위와 노력에 대한 삯이 아니라 당신이 하나님의 자녀이기 때문입니다. 하나님은 당신의 행위에 따라 역사하시는 것이 아니라 당신의 믿음에 따라 역사하시기 때문에 그렇습니다.

우리가 하나님의 뜻을 알지 못한다면 진정한 믿음을 가질 수 없고 따라서 기름부으심을 받을 수도 없습니다. 우리가 하나님의 뜻이 무엇인지 분명히 알 때 우리에게 온전한 믿음이 생기고 하나님께서 우리의 믿음을 따라 역사하십니다.

아버지가 주신 믿음

나는 시골에서 자랐기 때문에 겨울만 되면 스케이트를 탔습니다. 말이 스케이트지 나무판 아래 굵은 철사를 돌려서 만든 썰매를 탄 것입니다. 그 당시에 구두 바닥에 쇠 날을 붙인 제대로 된 스케이트를 신고 타는 아이는 동네에 하나밖에 없었습니다. 다들 신나게 타다가도 그 친구가 오면 주섬주섬 짐을 챙겨서 집으로 들어갔던 기억이 있습니다. 너무 비교가 되었기 때문입니다.

그런데 내가 중2였을 때 아버지께서 일주일 뒤에 그 스케이트를 사주시겠다고 말씀하셨습니다. 나는 정말 기뻤고 세상을 다 가진 것만 같았습니다. 스케이트를 사주마 약속하신 아버지를 볼 때마다 헤벌쭉 입을 벌리며 좋아했습니다. 이미 사이즈와 색깔과 스케이트화의 종류까지 다 결정해두었습니다. 그 시간부터 내 마음속에 스케이트가 들어와 있었습니다. 내 마음속에 스케이트가 그려졌습니다. 그 스케이트를 본 적도 없고 가게에 가본 적도 없었지만 이미 스케이트는 나의 소유였습니다. 왜 이렇게 일주일이 빨리 안 가는지가 문제였지 그 스케이트가 내 것이 아니라는 생각은 꿈에도 해본 적이 없습니다. 왜냐하면 다른 누가 아니라 아버지가 내게 사주시겠다고 약속하셨기 때문입니다.

우리의 믿음도 마찬가지입니다. 만일 그 스케이트를 사주시겠다는 분이 내 아버지가 아니라 동네 아저씨였다면 과연 그가 스케이트를 사줄 것인지 나는 의심의 눈초리로 바라보았을 것입니다. 하지만 아버지라면 그런 의심을 할 필요가 없습니다. 비록 지금 내 눈앞에 스케이트가 놓인 것은 아니지만 다른 여러 친구들 앞에서 멋지게 스케이트를 지치는 자신을 생생하게 그려보기 시작합니다. 진정한 믿음은 바로 그런 것입니다.

그런데 오늘 우리가 살아가는 이 세상에서 믿는 것은 무엇입니까? 고작 눈에 보이는 것, 귀에 들리는 것, 마음에 생각나는 것, 감각적으로 느껴지는 것을 취하면서 우리는 그것을 믿음이라고 생각합니다. 그러나 하나님이 우리에게 주신 믿음은 그런 믿음이 아닙니다. 마치 내가 아버지가 사주시겠다고 약속한 스케이트를 보기도 전에 그 스케이트가 내 것임을 믿고 취하는 믿음입니다.

보지 않고 믿을 수 있다!

아직 내 눈에 보이지 않지만, 아직 내게 오지 않았지만 믿음은 바라는 것들의 실상이고 지금 현재 내게 있지 않지만 보이지 않는 것의 증거가 되는 그것, 그것을 하나님은 우리에게 믿음이라고 말씀해주셨습니다.

> 믿음은 바라는 것들의 실상이요 보지 못하는 것들의 증거니 _히 11:1

요한복음 20장에는 도마의 이야기가 나옵니다. 도마는 이 세상 방식의 믿음을 소유했던 사람입니다.

> 열두 제자 중에 하나인 디두모라 하는 도마는 예수 오셨을 때에 함께 있지 아니한지라 다른 제자들이 그에게 이르되 우리가 주를 보았노라 하니 도마가 가로되 내가 그 손의 못자국을 보며 내 손가락을 그 못자국에 넣으며 내 손을 그 옆구리에 넣어보지 않고는 믿지 아니하겠노라 하니라 여드레를 지나서 제자들이 다시 집안에 있을 때에 도마도 함께 있고 문들이 닫혔는데 예수께서 오사 가운데 서서 가라사대 너희에게 평강이 있을지어다 하시고 도마에게 이르시되

네 손가락을 이리 내밀어 내 손을 보고 네 손을 내밀어 내 옆구리에 넣어보라 그리하고 믿음 없는 자가 되지 말고 믿는 자가 되라 _요 20:24-27

여기서 예수님은 두 가지 믿음에 대해 말씀하셨습니다.

"너는 나를 본 고로 믿느냐?"(요 20:29)

예수님은 도마의 믿음을 가리켜 '보고 믿는 믿음'이라고 말씀하셨습니다. 그러나 도마에게 "보지 못하고 믿는 자들은 복되도다"(요 20:29)라고 하신 것처럼 예수님은 우리가 '보지 않고 믿는 믿음'을 취하기 원하십니다.

주님은 오늘도 살아 계십니다. 그분은 우리 안에 계십니다. 2천 년 전 사람들은 그분을 따라다니지 않으면 그분의 음성을 들을 수 없었습니다. 하지만 이제는 우리가 그분을 따라다니지 않아도 우리가 가는 곳곳마다 그분이 우리와 함께하십니다. 2천 년 전 사람들은 눈으로 보고 귀로 들었지만 오늘날 우리는 믿음으로 보고 믿음으로 듣는 것입니다.

홈쇼핑보다도 못 미더운?

한번은 TV홈쇼핑을 보다가 그 물건이 필요해서 즉시 전화를 걸었습니다. 그리고 구매하고자 하는 상품명과 수량을 말하고 신

용카드로 결제한 다음 집주소를 가르쳐주었습니다. 상담원이 몇 날 며칠까지 배송하겠다고 말했습니다.

그렇게 전화를 끊고 난 다음 나는 한 번도 신청한 물건이 올지 안 올지 의심한 적이 없습니다. 매일 우편함을 뒤적거리지도 않았습니다. 왜냐하면 내가 정당한 값을 지불했으니 당연히 그 물건이 올 것이라고 믿기 때문입니다. 더욱이 그 물건이 약속한 날짜에 어김없이 배송될 것도 의심하지 않았습니다. 왜냐하면 엉터리 홈쇼핑이 아니라 누구나 알고 믿을 수 있는 일류 홈쇼핑 회사에다 주문했기 때문입니다.

당신이 세상에서 내로라한다는 유명 TV홈쇼핑에 전화를 해서 상품을 주문하고도 당신 마음속에 그 상품이 배달될 것을 믿는 확실한 믿음이 있으면서, 천지만물을 창조하신 하나님께서 우리에게 약속하신 것을 믿지 못하는 것에 대해 어떻게 생각하십니까? 물건 하나를 사기 위해 전화를 해도 그 홈쇼핑 회사가 주는 신뢰감으로 안심하면서, 나를 창조하신 하나님께서 "기록하였으되"라고 보증하신 말씀은 진짜일까 가짜일까 의심하는 것이 고작 우리의 믿음입니까?

구하는 이마다 받을 것이요 찾는 이가 찾을 것이요 두드리는 이에게 열릴 것이니라 너희 중에 아비 된 자 누가 아들이 생선을 달라 하면 생선 대신에 뱀을 주며 알을 달라 하면 전갈을 주겠느냐 너희가 악할지라도 좋은 것을 자식에게 줄줄 알거든 하물며 너희 천부(天父)께서 구하는 자에게 성령을 주시지 않겠느냐 하시니라 _눅 11:10-13

홈쇼핑에서 파는 물건을 직접 본 것도 아닙니다. 우리는 그냥 TV 화면으로 보여주는 것만 보고도 덥석 상품을 주문합니다. 마찬가지로 하나님도 우리에게 직접 보여주시지는 않았습니다. 하지만 그분의 지급 보증수표인 "기록하였으되"라고 말씀하고 계십니다. 그런데 우리는 도대체 어디에 더 큰 신뢰를 보냅니까? 누구에 대한 믿음이 더 큽니까? 하나님의 보증수표가 일개 홈쇼핑보다 더 큰 믿음의 확신을 주지 못한다면 우리는 회개해야 합니다.

하나님의 믿음을 주소서

우리는 값 주고 산 물건이 내 것이 되었음을 굳게 믿습니다. 그런데 하나님께서 약속하신 보증수표에는 좀 더 특별한 것이 있습니다. 우리가 값을 지불한 것이 아니라 하나님의 아들이신 예수 그리스도께서 목숨 값을 지불하셨기 때문입니다. 내가 돈을 주고 값을 치른 것에 대한 신뢰감은 그렇게 높으면서, 예수님이 그분의 목숨으로 값을 지불한 것에 대해서 그다지 신뢰하지 않는다는 사실입니다. 홈쇼핑에 주문한 물건을 배송해주는 택배회사는 믿어도 이 시간에도 우리와 함께하시는 성령님에 대한 신뢰는 없다는 것입니다.

우리가 늘 믿노라 하면서 실제 삶에서 그분이 누구이신지, 그분이 어떤 일을 행하셨는지, 우리에게 약속하신 바를 어떻게 이루시는지에 대해 진정한 믿음이 있습니까? "내가 믿습니다"라고 말하지만 그것이 당신의 의식 속에 있는 당신에 대한 믿음이 아닌 여호와 하나님에 대한 믿음이 맞습니까? 내가 믿는다고 고백하는 그 믿음이 혹 나의 믿음, 나의 지혜는 아닙니까?

너희 믿음이 사람의 지혜에 있지 아니하고 다만 하나님의
능력에 있게 하려 하였노라 _고전 2:5

예수님께서 말씀하신 보지 않고 믿는 그 믿음, 사람의 지혜에 있지 않고 하나님의 능력에 있는 그 믿음은 우리가 할 수 있는 일이 아닙니다. 예수 그리스도, 그분의 영이 우리 안에 들어오셨을 때 그분께서 믿게 해주신다는 것입니다. 그 믿음이 있어야만 하나님께서 우리와 교제하시고 기름부어주십니다.

그리스도인의 바른 좌표를 확인하라

지금 우리는 영적으로 어떤 위치에 서 있습니까? 좌표를 분명히 확인해보아야 합니다. 예수 그리스도께서 우리에게 주신 삶의 위치는 마귀의 일을 멸한 지점입니다.

> 죄를 짓는 자는 마귀에게 속하나니 마귀는 처음부터 범죄함이니라 하나님의 아들이 나타나신 것은 마귀의 일을 멸하려 하심이니라 _요일 3:8

따라서 마귀는 우리가 우리의 생각으로 허용하는 만큼만 우리에게 역사할 수 있습니다. 그렇습니다. 우리가 그리스도인이 되었다는 것은 내가 아니라 예수 그리스도로 인하여 마귀의 일을 멸한 위치에 섰다는 것입니다. 그런데 우리는 어떻습니까? 마귀를 두려워하고 떨 뿐 마귀의 일을 멸한 위치에서 그들을 쫓아내고 그들을 지배하고 통제할 생각은 하지 못하고 있지 않습니까?

> 그가 우리를 흑암의 권세에서 건져내사 그의 사랑의 아들의 나라로 옮기셨으니 그 아들 안에서 우리가 구속 곧 죄 사함을 얻었도다 _골 1:13,14

그렇습니다. 우리는 의인입니다. 우리는 거룩한 자입니다. 우리는 죄 사함을 얻은 반석 위에 서 있습니다. 마귀의 일을 멸하는 위치에 있다는 말입니다.

우리의 씨름은 혈과 육에 대한 것이 아니요 정사와 권세와
이 어두움의 세상 주관자들과 하늘에 있는 악의 영들에게
대함이라 _엡 6:12

정사와 권세를 벗어버려 밝히 드러내시고 십자가로 승리하
셨느니라 _골 2:15

골로새서 2장 15절에서 정사와 권세를 "벗어버려 밝히 드러내시고"는 영어성경에 'disarmed', "무장 해제했다"고 나옵니다. 정사와 권세를 무장 해제시켰다는 말입니다. 따라서 우리는 오늘날 어두운 이 세상의 주관자들과 그들이 다스리는 정사와 권세의 모든 무장을 해제시킨 그 반석 위에 서 있는 것입니다.

친히 나무에 달려 그 몸으로 우리 죄를 담당하셨으니 이는
우리로 죄에 대하여 죽고 의에 대하여 살게 하려 하심이라
저가 채찍에 맞음으로 너희는 나음을 얻었나니 _벧전 2:24

또한 그리스도인으로서 우리가 선 반석은 우리를 대신해서 그분이 모든 저주를 받으셨고 그분이 채찍에 맞음으로 우리가 이미 나음을 얻은 위치입니다. 다른 말로 하면 집문서를 가지고 있는 셈입니다. 아직 집에 들어가지는 않았지만 이미 집문서를 가지고 있기 때문에 이제는 집문서를 가지고 내 집을 차지하고 있는 더러운 자에게 문서를 보이고 당당히 선포하는 일만 남았다는 사실입니다.

하늘에 있는 자들과 땅에 있는 자들과 땅 아래 있는 자들로
모든 무릎을 예수의 이름에 꿇게 하시고 _빌 2:10

우리는 죄 사함을 얻었고, 마귀의 일을 멸했고, 세상 주관자들의 모든 정사와 권세를 무장 해제시켰고 모든 만물이 예수의 이름 앞에 무릎을 꿇은 바로 그 지점에 서 있는 사람들입니다. 그 일을 행하신 분이 바로 예수 그리스도입니다. 예수 그리스도, 그 이름에 들어 있는 권세와 능력이 바로 죄 사함, 마귀의 일을 멸함, 하늘과 땅과 땅 아래 있는 자들로 모든 무릎을 예수의 이름에 꿇게 하는 법적 권능이며 우리는 그 이름으로 기도하는 것입니다.

이 모든 일이 예수 그리스도께서 우리를 위해서 대신 행하신 일이라는 사실을 진정으로 믿는다면, 당신이 그 믿음 위에서 기도

한다면 당신의 삶은 반드시 변화될 것이고 당연히 기름부으심도 부어주실 것입니다.

이제 왕의 자녀들답게 당당히 왕의 기도를 행하십시오. 예수 그리스도의 이름으로 선포하는 것은 당신의 명예를 걸고 당신의 이름으로 기도하는 것이 아닙니다. 당신 안에 있는 예수 그리스도의 명예와 예수 그리스도의 권능으로 기도하는 것입니다. 착각하지 마십시오. 당신이 예수 그리스도의 이름으로 기도할 때라도 '과연 이렇게 한다고 역사가 일어날까?'라고 의심한다면 입술로는 예수 그리스도의 이름으로 기도하는 것 같아도 실상은 당신 자신의 명예와 이름을 걸고 기도하는 것입니다. 세상에 그런 어리석은 짓이 어디 있습니까?

우리의 능력이란 예수님이 행하신 일에 대한 우리의 믿음이 얼마나 있느냐, 그 믿음은 말씀이 실체로 변화하는 것과 직결되어 있습니다. 지금 당신의 위치는 어디입니까? 당신은 그리스도인으로서 바른 좌표 위에 있습니까? 그렇지 않다면 다시 원위치 시키십시오. 지금 수정하십시오. 당신의 좌표를 새롭게 찍으시기 바랍니다.

우리가 진정으로 예수 그리스도를 믿는다면 보지 못해도 이미 얻은 것으로 믿어야 합니다. 왜냐하면 우리는 하나님의 약속을 믿기 때문입니다. 믿음이란 하나님의 약속을 믿고 보이지 않는 것을 보이는 것처럼 받아들이는 것입니다.

예수께서 가라사대 내 말이 네가 믿으면 하나님의 영광을
보리라 하지 아니하였느냐 하신대 _요 11:40

믿는 도리의 소망을 굳게 잡아라

또 약속하신 이는 미쁘시니 우리가 믿는 도리의 소망을 움
직이지 말고 굳게 잡아 _히 10:23

우리가 진정으로 예수 그리스도를 믿는다면 우리는 믿는 도
리의 소망을 움직이지 말고 굳게 잡아야 합니다. 하나님이 약속하
신 그 말씀을 붙들고 기도할 때, 또 그 말씀을 붙들고 살아갈 때 우
리 주위에서 수많은 상황과 문제들이 발생하기도 하고 특히 어두
운 세력들이 우리의 마음을 흔들기도 할 것입니다. 그러나 우리가
그런 데 속는다면 하나님의 약속은 이루어질 수 없습니다.

오직 믿음으로 구하고 조금도 의심하지 말라 의심하는 자
는 마치 바람에 밀려 요동하는 바다 물결 같으니 이런 사람
은 무엇이든지 주께 얻기를 생각하지 말라 _약 1:6,7

믿는 도리의 소망을 굳게 잡으십시오. 하나님 아버지는 행위가 아니라 믿음에 따라 역사하십니다. 우리가 그 믿음을 붙들 때 그 믿음이 역사하신다는 것을 확인하십시오. 매주 월요일 선한목자교회에서 갖는 말씀치유집회에 참석한 수많은 형제자매님들이 그 믿는 도리의 소망을 굳게 잡음으로 치유 받고 하나님께 감사와 영광을 돌립니다.

휠체어를 타고 왔던 사람이 걸어다니고, 뇌출혈로 말을 못하던 사람이 다시 말하게 되고, 허리 디스크 환자가 허리를 펴서 서고, 중풍병자가 일어나 걸으며, 어린 자녀들의 아토피가 깨끗해져서 새살이 돋고, 부러진 뼈가 붙어서 집회 현장에서 깁스붕대를 풀고 돌아다니는가 하면, 목발을 짚고 집회에 왔다가 목발을 들고 집으로 돌아가는 일들이 일어나고 있습니다. 믿는 도리의 소망을 굳게 잡았을 때 당장 오늘 그 자리가 아니더라도 내일이나 모레 치유 받는 경우도 얼마든지 있습니다. 기름부으심의 이치도 이와 마찬가지입니다.

지금 나에게 문제가 있고 여전히 상황은 조금도 변화되지 않았지만 하나님의 약속에 근거하여 기록된 하나님의 말씀만 붙들어야 하는 일은 시련입니다. 그렇지만 이 시련은 세상적인 시련이 아니라 믿음의 시련으로서 불로 연단해도 없어지는 금보다 더 귀하다고 했습니다. 우리의 삶은 믿음의 시련을 통과하는 여정입니다. 우리에게 그 믿음이 있어야 합니다. 그 시련을 믿음으로 통과해야 그때부터 하나님의 기름부으심의 흐름이 무엇인지 체험하게 되는 것입니다.

> 그러므로 너희 담대함을 버리지 말라 이것이 큰 상을 얻느니라 너희에게 인내가 필요함은 너희가 하나님의 뜻을 행한 후에 약속을 받기 위함이라 _히 10:35,36

열매 맺는 기름부으심

믿음으로 기름부으심을 받아서 그것을 계속 누리려면 어떻게 해야 하겠습니까? 우리는 한 번 기름부으심으로 그치는 것을 원하지 않습니다. 단속적(斷續的)인 기름부으심도 원하지 않습니다. 내 속에서 지속적으로 기름부으심이 힘 있게 흐르기를 원합니다. 그러려면 어떻게 해야 합니까? 사도 바울은 이렇게 말합니다.

> 너희는 성령을 좇아 행하라 그리하면 육체의 욕심을 이루지 아니하리라 육체의 소욕(所欲)은 성령을 거스르고 성령의 소욕은 육체를 거스르나니… 너희가 만일 성령의 인도하시는 바가 되면 율법 아래 있지 아니하리라 _갈 5:16-18

우리가 육체의 소욕에 휘둘릴 때는 성령의 기름부으심을 훼방하게 됩니다. 우리가 육신의 정욕, 안목의 정욕, 이생의 자랑에 휘둘릴 때는 기름부으심에 결정적인 장애를 초래하게 됩니다. 성령을 거슬러, 성령의 역사에 장애와 훼방을 초래하게 됩니다. 따라서 지속적인 기름부으심의 은혜를 받으려면 육체의 욕심을 배격하고 성령을 좇아 행해야 합니다.

그렇다면 성령을 좇아 행하는 가운데 지속적인 기름부으심으로 우리가 거두어야 할 궁극적인 열매는 무엇입니까? 표적과 기사(奇事) 그 자체입니까? 표적과 기사라 할지라도 하나님나라에서 받지 않으시는 것도 있습니다.

> 그날에 많은 사람이 나더러 이르되 주여 주여 우리가 주의 이름으로 선지자 노릇 하며 주의 이름으로 귀신을 좇아내며 주의 이름으로 많은 권능을 행치 아니 하였나이까 하리니 그때에 내가 저희에게 밝히 말하되 내가 너희를 도무지 알지 못하니 불법을 행하는 자들아 내게서 떠나가라 하리라 _마 7:22,23

예수님은 이들이 표적은 있었지만 열매는 없는 자들이었음을 지적하셨습니다.

아름다운 열매를 맺지 아니하는 나무마다 찍혀 불에 던지
우느니라 이러므로 그의 열매로 그들을 알리라

_마 7:19,20

그렇다면 표적과 기사에 앞서 성령 받은 그리스도인들이, 기
름부으심 받은 성령의 사람들이 궁극적으로 맺어야 할 아름다운
열매는 무엇입니까? 그것은 바로 성령의 열매입니다.

오직 성령의 열매는 사랑과 희락과 화평과 오래 참음과 자
비와 양선과 충성과 온유와 절제니 이 같은 것을 금지할 법
이 없느니라 _갈 5:22,23

당신의 기름부으심에, 당신의 표적과 권능에 사랑과 희락과
화평과 오래 참음과 자비와 양선과 충성과 온유와 절제가 있습니
까? 열매는 없어도 된다고 생각하고 '기름부으심'만 사모하는,
불법을 행하는 자들이 되지 마십시오. 열매 맺는 기름부으심, 바
로 그것을 사모하시기 바랍니다. 기름부으심과 열매, 이것도 폐하
지 말고 저것도 폐하지 말도록 하십시오.

오직 기름부으심뿐이다

하늘의 기름부으심은 오직 믿음으로 받을 수 있습니다. 내가 거듭났는지, 내가 하나님의 자녀인지, 내 안에 상처, 묶임, 쓰레기를 치웠는지, 회개하고 용서했는지, 그리고 내 속을 하나님의 말씀과 영광으로 채웠는지, 그것들을 사랑으로 흘려보내며 하나님께 감사로 올려드렸는지 확인하십시오. 지금 당신에게 직면한 모든 문제를 해결할 수 있는 길은 기름부으심밖에 없습니다.

만군의 여호와께서 말씀하시되 이는 힘으로 되지 아니하며 능으로 되지 아니하고 오직 나의 신으로 되느니라 _슥 4:6

그 날에 그의 무거운 짐이 네 어깨에서 떠나고 그의 멍에가 네 목에서 벗어지되 기름진 까닭에 멍에가 부러지리라 _사 10:27

우리에게 인내가 필요합니다. 믿는 도리의 소망을 굳게 잡고 믿는 대로 행동하는 것이 바로 인내입니다. 마음으로 믿는다고 하고 행함이 없는 믿음은 죽은 믿음입니다. 마음으로 믿었다면 그것이 내 눈에 보이지 않고 내 귀에 들리지 않고 나에게 실체로 나타나지 않았더라도 그것이 실체이며 진리라 믿고 믿는 대로 생각하고 느끼고 행동해야 합니다. 그때 하나님의 약속이 이루어집니다.

하나님은 자신의 약속을 지키십니다. 그 약속은 당신이 믿음으로 선포할 때부터 시작됩니다. 하나님은 우리에게서 믿는 도리의 소망을 굳게 잡는 그 믿음을 보기 원하십니다. 아무것도 의심하지 말고 오직 믿는 도리의 소망을 굳게 잡으십시오. 하나님은 약속을 지키십니다. "기록하였으되…"라고 하신 그 말씀은 이 세상의 모든 것과도 바꿀 수 없는 진리입니다. 보증수표입니다.

우리에게 진정으로 필요한 것은 도마의 믿음이 아니라 예수님께서 말씀하신 그 믿음입니다. 하나님을 믿으십시오. 예수 그리스도의 피값을 믿으십시오. 성령님의 역사하심을 믿으시기 바랍니다.

하나님의 기름부으심은 오직 믿음을 따라 내 안으로 흘러들어옵니다. 더 이상 하나님을 의심하거나 시험하지 말고 당신의 믿음을 보이십시오. 구원도 오직 믿음이요 치유도 오직 믿음이며 기름부으심도 오직 믿음입니다.

온 마음을 다해 기름부으심을 구하십시오. 찾으십시오. 두드리십시오. 성령의 권능을 받을 때까지 기도하십시오. 당신이 진정 생명 얻는 회개를 통해 구원 받아 하나님의 자녀가 되었다면 하나님께서는 반드시 당신에게 기름부으심을 주실 것입니다.

내가 또 너희에게 이르노니 구하라 그러면 너희에게 주실 것이요 찾으라 그러면 찾을 것이요 문을 두드리라 그러면 너희에게 열릴 것이니 구하는 이마다 받을 것이요 찾는 이가 찾을 것이요 두드리는 이에게 열릴 것이니라 너희 중에 아비 된 자 누가 아들이 생선을 달라 하면 생선 대신에 뱀을 주며 알을 달라 하면 전갈을 주겠느냐 너희가 악할지라도 좋은 것을 자식에게 줄 줄 알거든 하물며 너희 천부께서 구하는 자에게 성령을 주시지 않겠느냐 하시니라

_눅 11:9-13

말씀과 성령님의 만지심

헤븐리 터치

www.heavenlytouch.kr

HTM은 'Heavenly Touch Ministry'의 약어로 '하나님나라의 도래'와 '천국으로의 침노'를 지칭합니다. 우리는 회개함으로 구원을 받고, 우리 안에 계신 그리스도의 영으로 말미암아 하나님의 나라와 그 백성의 삶, 즉 하나님의 아름다운 덕을 나타내는 삶을 살아야 합니다. HTM은 말씀과 치유로 그 하나님나라를 경험할 수 있는 집회와 하나님나라를 세워갈 킹덤빌더들을 세우는 각종 훈련프로그램으로 교회와 성도들을 섬기는 사역단체입니다.

● HTM은 사단법인 한국독립교회 및 선교단체연합회(KAICAM 총회장 김상복 목사)에 소속된 선교단체입니다.

손기철 장로가 매주 인도하는
월요말씀치유집회

장소	**선한목자교회 본당**(지하철 8호선 복정역 2번 출구)
일시	**매주 월요일 저녁 7시**

＊ HTM센터가 마련되어도 월요말씀치유집회는 선한목자교회에서 계속됩니다. 단, 천재지변이나 특별한 이유로 장소와 시간이 변경될 수도 있으니 꼭 홈페이지에서 확인하세요. 1년 중 1월과 8월은 해외 집회 관계로 집회가 없습니다.

HTM 홈페이지 안내

www.heavenlytouch.kr

HTM 홈페이지에서는 HTM의 모든 집회, 교육, 사역 안내와 손기철 장로의 말씀 영상을 볼 수 있으며, HTM 집회와 도서와 동영상 등을 통해 치유를 경험한 성도님들의 치유간증을 실시간으로 볼 수 있습니다.

갓피플 닷컴 집회 영상,
MP3 다운로드 서비스 (유료)
htm.Godpeople.com

HTM 집회 동영상과 손기철 장로의 말씀을 언제 어디서나 듣기 원하는 분들을 위해 집회 영상, MP3 유료 다운로드 서비스를 제공합니다. PC, 개인용 동영상 플레이어(PMP), MP3 플레이어로 보고 들을 수 있습니다.

HTM센터의 모습

마침내 'HTM센터'가 마련되었습니다!

● **헤븐리터치미니스트리센터(HTM센터) 위치** 서울시 강남구 청담동 5-25번지 휴먼스타빌 2F, 3F

HTM센터는 삶의 현장에서 모든 사람들이 하나님나라를 목도하고 침노할 수 있도록 먼저 하나님을 경배하고 각종 스쿨을 개최하며 하나님나라를 확장해나갈 터전이 될 것입니다. 이제 이 센터의 효율적인 운영과 영적 전쟁을 위한 동반자가 필요합니다.

- -

HTM 동역을 위한 HTM 파트너를 모십니다!

하나님나라의 복음을 전하는 HTM의 비전과 사역을 위해 기도해주시고, 성령님께서 허락하신 이 공간이 잘 운영되고 활용될 수 있도록 HTM파트너가 되어주십시오!

● **HTM파트너가 되는 길은 매우 간단합니다!**

이 책의 뒷표지 사이에 첨부한 봉함엽서를 읽어보시고 'HTM파트너 작정서'(CMS신청서)를 작성하셔서 우편으로 보내주시면 됩니다(수신자 요금 부담). 전화나 팩스로 직접 신청하셔도 됩니다.

전화 02-576-0153 팩스 02-447-2039
핸드폰(사무국장) 010-2450-8681 이메일 htm0691@naver.com

- -

● **HTM파트너가 아니더라도 일회적으로 후원하실 경우 아래의 후원계좌를 이용해주십시오.**

후원계좌 787201-04-069305 국민은행│헤븐리터치(후원)
HTM센터를 위해 헌금하신 분께는 연말정산(환급)용 기부금영수증을 발급해드립니다.

"월요말씀치유집회는 계속 선한목자교회에서!!"

HTM센터에서는 주중의 HTM 스쿨과 기도회 등의 중소 규모 집회나 기타 센터 운영 목적에 맞는 행사들이 개최될 예정입니다. 월요말씀치유집회는 HTM센터가 마련되어도 현재와 같이 선한목자교회에서 계속 열릴 것이니 착오 없으시기 바랍니다.

헤븐리 터치

www.heavenlytouch.kr GODpeople 검색창에 헤븐리터치 검색

기름부으심

초판 1쇄 발행 2008년 12월 1일
초판 45쇄 발행 2024년 8월 12일

지은이 손기철

펴낸이 여진구
책임편집 안수경
편집 이영주 박소영 최현수 김도연 김아진 정아혜
책임디자인 마영애 노지현 조은혜 이하은
홍보 · 외서 진효지
마케팅 김상순 강성민   마케팅지원 최영배 정나영
제작 조영석 허병용   경영지원 김혜경 김경희

303비전성경암송학교 유니게 과정
이슬비전도학교 / 303비전성경암송학교 / 303비전꿈나무장학회

펴낸곳 규장

주소 06770 서울시 서초구 매헌로 16길 20(양재2동) 규장선교센터
전화 02)578-0003 팩스 02)578-7332
이메일 kyujang0691@gmail.com
페이스북 facebook.com/kyujangbook   홈페이지 www.kyujang.com
카카오스토리 story.kakao.com/kyujangbook   인스타그램 instagram.com/kyujang_com
등록일 1978.8.14. 제1-22

ⓒ 저자와의 협약 아래 인지는 생략되었습니다.
이 출판물은 저작권법에 의해 보호를 받는 저작물이므로 무단 전재와 무단 복제를 할 수 없습니다.

책값 뒤표지에 있습니다.
ISBN 978-89-6097-085-4 03230

규 | 장 | 수 | 칙

1. 기도로 기획하고 기도로 제작한다.
2. 오직 그리스도의 성품을 사모하는 독자가 원하고 필요로 하는 책만을 출판한다.
3. 한 활자 한 문장에 온 정성을 쏟는다.
4. 성실과 정확을 생명으로 삼고 일한다.
5. 긍정적이며 적극적인 신앙과 신행일치에의 안내자의 사명을 다한다.
6. 충고와 조언을 항상 감사로 경청한다.
7. 지상목표는 문서선교에 있다.

하나님을 사랑하는 자 곧 그의 뜻대로 부르심을 입은 자들에게는 모든 것이 合力하여 善을 이루느니라(롬 8:28)

규장은 문서를 통해 복음전파와 신앙교육에 주력하는 국제적 출판사들의 협의체인 복음주의출판협회(E.C.P.A:Evangelical Christian Publishers Association)의 출판정신에 동참하는 회원(Associate Member)입니다.